静岡県　名字の雑学

静新新書
016

はじめに

「姓氏」の種類は十数万種以上といわれ、同一文字で音読の相違する姓氏まで数えると二十数万種に近いともいう。

静岡県は百三十年余前までは、伊豆、駿河、遠江の三国に分かれて東西に帯状に連なり、狩野川、富士川、大井川、天竜川などの大河に分断されていたが、往古から関東、関西を結ぶ主要街道が東西を貫き陸上交通の要衝地であった。

平安時代には奥討伐の坂上田村麻呂や源頼義、義家父子の軍が通過し、源平争乱時代には源氏と平氏の両軍が往来して戦い、南北朝時代には南北両朝方の軍勢の戦場となり、戦国時代には今川、武田、北条、徳川の各氏が群雄割拠して攻防を繰り返し、その威を争った土地である。

それだけに、他国(県外)からの人の流入が盛んに行われ、名字の種類も増加したが、その一方、平安時代中期から鎌倉時代中期にかけて急激に増加した県内の「地名」から発祥した名字が、鎌倉幕府家人となった県内出身者の赴任などにより県外に多く流出している。この為に、県内の地名から発祥した「名字」は長い歴史があって当然、数が多く存在する筈なのに実態は意外と数少ない。

名字に関連する事項は、名字の歴史、名字発祥の地名、今日の名字、名字の分布、珍しい名字、など、の分野は多岐に亘り話題も多いが、本書では制約された容量の中で、各分野から抜き出した「名字の雑学」である。

静岡県内に分布する約一万九千種の名字を知る上で役立つ事ができ、郷土愛を育む一助となれば幸甚である。

平成十九年七月吉日

駿河・香貫の里で　　渡邉　三義

目次

一　静岡県内の地名から発祥した名字

1　県内の地名から発祥した名字

「姓氏」の種類は十数万種以上といわれ、同一文字で音読の相違する姓氏まで数えると二十数万種に近いともいう。

「姓氏」は厳密にいうと、「姓」と「氏」と「名字（苗字）」とがあり、現在の「姓氏」の大部分は「姓」や「氏」から派生した「名字」である。本冊子に掲載した「姓氏」は全てが「名字」の範疇に入る。

「名字」の発祥はいろいろあるが、その約八〇％は「地名」に因んだ「姓氏」である。

「名字」が「地名」より発祥し、「地名」を称したという事は、その地が、その「名字」を称した初祖の所領地（名田）か、又は居住地であった事を意味していて、一族の繁栄に伴って特定し難くなった識別性を強調しようとし、かつ、所領地の明示によって勢威を誇示しようとした現れに違いない。

従って、所領地や居住地の移動が激しく行われ、識別性が重要視されたのは、源平の争乱時、南北朝の抗争時、群雄割拠の戦国期などの戦乱時代であり、こうした戦乱時代に「名字」の種類は急激に増加している。

静岡県内は、平安末期には、天慶の乱（九三九年）後、遠江守に任ぜられた藤原為憲の藤原南家流の工藤氏一族、大森葛山氏や井伊氏などの藤原北家流一族、桓武平氏流の北条氏一族などが各地に繁延していて、「氏」とは別に、それぞれの所領地、居住地の「地名」を「名字」として名乗っていた。

源頼朝が配流地の伊豆国蛭ケ小島（韮山町）に挙兵（一一八〇年）した時、伊豆国や駿河国の小豪族や地侍達は挙兵に味方し、鎌倉幕府創立後、その功績により全国各地の守護や地頭に任ぜられた。

赴任の際は、一族の菩提と本貫地（本領）を守る為に末子か庶子を残し、主流である嫡子系の本家筋は一族郎党を引き連れて任地に赴任したので、静岡県内の「地名」より発祥した「名字」が全国に拡繁したのである。反面、その「名字」を称する子孫の県内残存が少なくなった事も確かである。

この冊子に掲載した「姓氏（名字）」と同じ「名字」が、全て静岡県内の「地名」から発祥した「名字」ではない、という事を認識して置いていただきたい。

同じ地名は全国に多くあり、それぞれの地名から発祥した名字が数多くあるからであり、同姓が必ず同系統、同族とは限らない。その相違を推考できるのが家紋であるとも言われているが、家紋も確実な判別要素とは断定できない。

本稿に掲載された「名字」は、静岡県の地名から発祥した名字を全て網羅しているとは言えず、調査漏れによる名字も多々ある事と予想されるが、今までに史書から判明した名字を伊豆国、駿河国、遠江国の旧国別に列記する。

内容は、［名字・発祥地・系統・人物（時代、摘要）］を記す。

【伊豆国】

阿多美（あたみ）　阿多美郷（熱海市）　桓武平氏流　上野介平直方の子
　阿多美四郎平聖範（平安）阿多美領主

網代（あじろ）　田方郡網代村（熱海市）　中原氏流（藤原氏流とも）
　網代小中太家信・光信（平安）網代村領主

赤澤（あかざわ）　田方郡赤澤村（伊東市）　清和源氏流　小笠原長経の子
　赤澤清経（鎌倉）赤沢領主

赤塚（あかつか）　賀茂郡赤塚村　藤原姓鏡氏流
　赤塚（鏡）六郎定友・藤次郎親定（鎌倉）北条泰時に属す

天野（あまの）　田方郡天野郷（伊豆長岡町）藤原南家為憲流　藤原景光の子

天野藤内民部丞遠景　（鎌倉）源頼朝家臣、初代鎮西奉行

伊豆（いづ）　伊豆国　物部氏族流日下部氏流　伊豆国造の裔

伊豆直益人・伊豆宿禰　（奈良）伊豆国主

伊豆（いづ）　伊豆国　清和源氏流　伊豆守源仲綱の子

伊豆右衛門尉有綱　（鎌倉）幕府家人

伊東（いとう）　伊東庄（伊東市）　藤原南家流工藤氏流　狩野維次の子

伊東祐隆　（平安）伊東領主

井田（いた）　田方郡井田村（戸田村）　桓武平氏畠山氏流　牛田信業の後裔

井田四郎　（鎌倉）幕府家人

石井（いしい）　賀茂郡石井村（南伊豆町）

石井金吾正包　（平安）人名が地名

宇佐美（うさみ）　田方郡宇佐美村（伊東市）　藤原南家工藤氏流

宇佐美左衛門三郎祐茂　（鎌倉）幕府家人、宇佐美領主

江川（えがわ）　田方郡江川庄（韮山町）　清和源氏流　宇野太郎親信の子

江川治信（10代）　（鎌倉）源頼朝に属す

（18代友治、21代英信とも）　子孫は韮山代官

江馬（えま）　田方郡江間村（伊豆長岡町）　桓武平氏流北条時政の子
　江馬小次郎義時（鎌倉）鎌倉幕府執権職
江間（えま）　田方郡江間村（伊豆長岡町）　桓武平氏流　江馬小次郎義時の子
　江間太郎泰時（鎌倉）鎌倉幕府執権職
大場（おおば）　田方郡大場村（三島市）
（だいば）　大場十郎近郷（鎌倉）幕府家人、承久乱に戦功あり
大見（おおみ）　田方郡大見村（中伊豆町）　藤原氏流
　大見小藤太成家（平安）工藤祐経の郎党
大見（おおみ）　田方郡大見村（中伊豆町）　桓武平氏流
　大見平次家秀・平三家政（平安）大見領主
狩野（かの）　田方郡狩野庄（天城湯ケ島町）　藤原南家流　工藤時理の子
（かりの）（かのう）　狩野維景（平安）狩野領主
鎌田（かまた）　伊東庄田方郡鎌田（伊東市）藤原氏山内首藤氏流　鎌田政清の子
　鎌田新藤次俊長（鎌倉）幕府家人、姓が地名となる
軽野（かるの）　田方郡軽野（天城湯ケ島町か）
　軽野又八（鎌倉）北条時定に属す

川原谷（かわらがや）　田方郡川原谷郷（三島市）
川原谷兵庫助
（南北朝）足利直義に属す

河津（かわづ）　賀茂郡河津庄（河津町）　藤原南家流工藤大夫祐隆の孫
河津二郎祐親
（平安）伊東領主

河津（かわづ）　賀茂郡河津庄（河津町）　藤原北家　加藤景廉の子
河津景長
（鎌倉）幕府家人

久須美（くすみ）　田方郡久須美村（伊東市）　藤原南家工藤氏流
久須美権兵衛祐寛
（鎌倉）幕府家人、後に久住姓

久住（くすみ）　田方郡久須美村（伊東市）　藤原南家工藤氏流
久住祐光
（平安）子孫に久須美姓あり

葛見（くつみ）　田方郡久須美村（伊東市）　桓武平市上杉氏流
葛見左近将監憲栄
（室町）足利幕臣

小浦（こうら）　賀茂郡小浦村（南伊豆町）　清和源氏流山本正和の子
小浦義忠・政村
（室町か）

小字（こな）　賀茂郡小名（稲）村（南伊豆町）　藤原南家河津氏流　伊東祐親後裔
（小名）
小字（名）三郎祐家
（鎌倉）幕府家人

佐野（さの）　田方郡佐野郷（三島市）　藤原秀郷流
佐野太郎基綱（鎌倉）幕府家人　子孫に小名姓

澤（さわ）　田方郡佐婆（沢）郷（函南町）
澤六郎宗家（平安）源頼朝の挙兵に味方す

修善寺（しゅうぜんじ）田方郡修善寺村（修善寺町）
修善寺文左衛門（戦国）修善寺紙の独占権を有す

城（じょう）　田方郡大見郷城村（中伊豆町）　安達氏流　秋田城介の裔
城平太（鎌倉）源頼朝の家人

田子（たご）　賀茂郡田子村（西伊豆町）か　藤原氏佐野氏流　長島行長五代孫
田子丹後守重村（室町か）

多呂（たろ）　田方郡多呂村（三島市）　子孫は伊達姓
多呂源十郎・玄蕃・雅楽助（戦国）伊豆在庁官人、北條氏に属す

田代（たしろ）　田方郡狩野郷田代（修善寺町）御三条氏流　伊豆国司源為綱の子
田代冠者信綱（鎌倉）源頼朝の家人

田代（たしろ）　田方郡田代村（函南町）　清和源氏流　多田仲政の四代孫
田代冠者頼成（鎌倉）幕府家人

田中　（たなか）　田方郡田中郷（大仁町）　桓武平氏北條氏流
田中越中守泰行　（戦国）北條家臣

千原　（ちはら）　賀茂郡千原村（下田市）

（せんはら）　千原六郎宣平・七郎政平　（平安）伊東家臣

奈古谷（なごや）　田方郡奈古屋（谷）村（函南町）橘氏流
奈古谷橘次頼時・橘三公時（鎌倉）幕府家人、奈古谷領主

長崎　（ながさき）田方郡長崎村（韮山町）　平越前守資盛の子
長崎平左衛門尉盛綱　（鎌倉）幕府執権北條泰時の執事

南條　（なんじょう）田方郡南條村（韮山町）　桓武平氏北條氏流
南條兵衛七郎（実長か）　（鎌倉）富士郡上野郷地頭

仁田　（にった）　田方郡仁田村（函南町）　藤原氏流天野氏流

（にた）　仁田四郎忠常　（鎌倉）源範頼の家人、仁田領主

野七里（のくれ）　田方郡河原谷村野七里（三島市）
野七里虎次郎　（戦国）北條家臣

八幡　（はつま）　田方郡大見郷八幡村（中伊豆町）
八幡三郎行氏　（平安）工藤祐経の郎党

肥田（ひだ）田方郡肥田村（函南町）藤原氏流
肥田八郎宗直・次郎景明（鎌倉）将軍源頼家の家臣
平井（ひらい）田方郡平井郷（函南町）藤原氏流
平井権中将秋兼（平安）平井領主、姓が地名という
平井（ひらい）田方郡平井郷（函南町）紀氏流
平井紀六久重（鎌倉）平家方、源頼朝と戦う
北條（ほうじょう）田方郡北条庄（韮山町）桓武平氏流
北條　（きたじょう）　北條四郎大夫時方（平安）伊豆介
北條（ほうじょう）田方郡北条庄（韮山町）桓武平氏　伊勢氏流
北條長氏（早雲）（戦国）相模北條氏の祖
間宮（まみや）田方郡間宮村（函南町）宇多源氏佐々木氏流
間宮新左衛門信冬（室町）足利幕臣牧
松原（まつばら）田方郡伊東庄松原（伊東市）
松原八郎家重（平安）伊東祐親の家人
三島（みしま）三嶋（三島市）物部氏族　伊豆直の後裔
三島氏（平安）三嶋大明神の神主家

三戸（みと）　田方郡三戸庄三津（沼津市）清和源氏源三位頼政流　源頼房の裔
　三戸次郎（鎌倉）幕府家人
三津（みと）　田方郡三戸庄三津（沼津市）藤原氏流か
　三津藤二・小次郎（鎌倉）幕府家人
妻浦（めうら）　賀茂郡妻浦村（南伊豆町）
　妻浦五郎（鎌倉）幕府家人
妻良（めら）　賀茂郡妻良村（南伊豆町）
　妻良三郎忠喬（平安）伊東家臣、石橋山戦に平家方
山木（やまき）　田方郡山木村（韮山町）桓武平氏流
　山木判官平兼隆（平安）伊豆目代、源頼朝に討たる
和田（わだ）　田方郡和田村（熱海市）桓武平氏流　上野介平直方の子
　和田（阿多美）四郎大夫（平安）和田領主

【駿河国】

阿野（あの）　阿野庄（沼津市）清和源氏流　左馬頭源義朝の子
　源頼朝の弟阿野全成（鎌倉）阿野領主
阿部（あべ）　安倍郡（静岡市）阿部氏族

安倍（あべ）安倍郡（静岡市）　安倍朝臣族
阿部朝臣小鳥（奈良）駿河守
安倍朝臣諸上・浄目（奈良）駿河介

安倍（あべ）安倍郡（静岡市）　清和源氏流　諏訪刑部大輔信真の子
安倍大蔵元真（戦国）徳川家康家臣

相澤（あいざわ）駿東郡鮎沢村（小山町）　藤原北家大森氏流
相澤弥五郎・弥六・弥七（鎌倉）幕府家人

鮎澤（あゆざわ）駿東郡鮎沢村（小山町）　藤原北家流　葛山惟康の子
鮎澤四郎惟兼（鎌倉）鮎沢庄官

青島（あおしま）志太郡青島村（藤枝市）　清和源氏流
青島五郎兵衛長忠（戦国）今川家臣、後に武田家臣

朝比奈（あさひな）志太郡朝比奈郷（岡部町）　藤原為憲流　堤中納言兼朝の子
朝比奈五郎国俊（平安）朝比奈郷領主

芦原（あしはら）庵原郡芦原（清水市）　藤原南家入江氏流
芦原小次郎（鎌倉）梶原一族追討の幕府家人

熱原（あつはら）富士郡厚原村（富士市）

熱原神（甚）四郎・弥次郎（鎌倉）厚原郷士、日蓮に殉教

安西（あんざい）安倍郡安西（静岡市）桓武平氏流　三浦為俊の後
安西源左衛門安次（戦国）今川義元家臣、久野領主

安西（あんざい）安倍郡安西村（静岡市）文屋氏流
安西美濃守元高（室町）有度郡の八幡宮神主

安東（あんどう）安倍郡北安東村（静岡市）藤原氏流（大宅氏流とも）
安東兵衛忠家（鎌倉）幕府家人

伊久美（いくみ）志太郡伊久美村（島田市）清和源氏流　今川義忠の次男
伊久美彦兵衛義幹（戦国）今川家臣

井出（いで）富士郡井出郷（富士宮市）藤原南家流　二階堂政重の子
井出藤九郎政種治（室町）今川家臣

井出（いで）富士郡井出郷（富士宮市）穂積氏流　鈴木重遠の子
井出民部丞重則（南北朝）

井手（いで）富士郡井出郷　（富士宮市）藤原北家流　井伊彌直の子
井出四郎右衛門直時（平安）彌直は井伊谷城主

盧原（いほはら）盧原国（後の庵原郡）吉備氏族

盧原君足　（奈良）盧原国造

庵原（いはら）庵原郡（清水市）藤原氏秀郷流

庵原俊忠　（鎌倉）

飯田（いいだ）庵原郡入江庄飯田村（清水市）藤原南家入江氏流

飯田五郎家義　（鎌倉）幕府家人

池田（いけだ）有度郡池田村（静岡市）

池田九郎依教　（鎌倉）幕府家人か

石野（いしの）富士裾野石野里（富士宮市）桓武平氏流　平彌平兵衛宗清の曽孫

石野彌右衛門宗治　（鎌倉）

稲河（いながわ）有度郡稲川村（静岡市）藤原氏長池氏流（初め文屋氏）

稲河駿河守親景　（戦国）駿府八幡神社神主

岩本（いわもと）富士郡岩本村（富士市）藤原南家入江氏流　原清益の孫

岩本三郎清安　（平安）

宇都（うつ）有度郡宇都（津）（静岡市）和迩姓富士浅間大宮司　富士義勝の子

（宇津）　宇都（津）義正　（南北朝）富士浅間大宮司、南朝方

宇津谷（うつのや）宇津谷郷（静岡市）

宇津谷八左衛門　（戦国）今川家臣

有度（うど）　有度郡（静岡市）
有度君　（奈良）有度郡司少領

上野（うえの）　富士郡上野村（富士宮市）　藤原北家大森氏流　大沼親康の子
上野二郎忠康　（平安）上野領主

上野（うえの）　富士郡上野村（富士宮市）　和迩部姓　富士郡大領良清の孫
上野六郎元清　（平安か）

植田（うえだ）　駿東郡植田村（沼津市）
植田三十郎親忠　（江戸初期）開発者

江尻（えじり）　庵原郡入江庄江尻（清水市）　清和源氏　今川氏流
江尻民部親良　（戦国）今川家臣

小川（おがわ）　益頭郡小河郷（焼津市）
（小河）（こがわ）　小河（川）法栄長者、長谷川政平（戦国）今川家臣

小黒（おぐろ）　安倍郡小黒村（静岡市か）　藤原氏流
小黒斎宮・小黒大夫　（江戸）駿府浅間社の神官

小鹿（おじか）　有度郡小鹿村（静岡市）　清和源氏流　今川範政の子

（こじか）　小鹿小五郎範頼　（室町）今川家臣

小柳津（おやいづ）益頭郡小柳津村（焼津市）
小柳津源五郎長好、弟、長春（戦国）今川家臣

大石（おおいし）大石原（富士宮市か）藤原氏流
大石蔵人教長（平安）

大石（おおいし）大石原（富士宮市か）和迩部氏流　富士三郎昌尊の子
大石蔵人義只（南北朝）富士氏と共に南朝方

大岩（おおいわ）安倍郡大岩郷（静岡市）
大岩孫四郎入道忠照（室町）今川家臣

大内（おおうち）庵原郡大内村（清水市）藤原南家入江工藤氏流
大内小次郎（鎌倉）梶原一族追討の幕府家人

大岡（おおおか）駿東郡大岡庄（沼津市）牧氏流　判官宗親の子
大岡判官時親（鎌倉）大岡領主平頼盛の家臣

大沼（おおぬま）駿東郡大沼鮎沢御厨（裾野市）藤原北家大森氏流　藤原親康の子
大沼五郎定康（鎌倉）幕府家人

大平（おおひら）駿東郡大平村（沼津市）藤原秀郷流

（おおたいら）　大平右衛門尉国時　（鎌倉）幕府家人

大森（おおもり）駿東郡鮎沢庄大森村（裾野市）藤原北家流　藤原信濃守親康の子
大森信濃守氏親家　（鎌倉）源頼朝の家人

岡邊（おかべ）志太郡岡部（岡部町）藤原南家工藤氏流　船越維綱の子
岡邊権守清綱　（平安）岡部領主

岡部（おかべ）志太郡岡部（岡部町）藤原南家工藤氏流　岡部清綱の子
岡部権守泰綱　（鎌倉）幕府家人、岡部領主

興津（おきつ）庵原郡興津郷（清水市）藤原南家工藤氏流　船越維綱の子
興津右近将監維道　（平安）興津領主

息津（おきつ）庵原郡興津郷（清水市）藤原南家工藤氏流　岡邊清綱の子
息津六郎近綱　（平安、鎌倉）興津領主

他田（おさだ）有度郡他（長）田郷（静岡市）
他田舎人廣庭・益国・益目（奈良）廣庭は駿河国使

長田（おさだ）有度郡長田村（静岡市）　桓武平氏流　長田致俊の子
長田庄司忠致・忠清　（平安）長田庄司

加瀬澤（かせざわ）庵原郡小河内村加瀬沢（清水市）

加瀬助九郎　（戦国）江尻城主穴山家臣

香貫（かぬき）　駿東郡香貫郷（沼津市）
香貫次郎　（平安）平清盛の家臣

葛山（かつらやま）駿東郡葛山村（裾野市）　藤原北家大森氏　藤原惟兼の子
葛山二郎惟忠　（平安）葛山領主

葛山（かつらやま）駿東郡葛山村（裾野市）　清和源氏流　武田信玄の子
葛山信貞（義久）　（戦国）武田家臣

葛山（かつらやま）駿東郡葛山村（裾野市）　桓武平氏流　北条早雲の子
葛山備中守氏時　（戦国）北条家臣、今川氏に属す

鎌田（かまた）　有度郡鎌田村（静岡市）　藤原氏山内首藤氏流
鎌田権守通清　（平安）鎌田領主

神山（かみやま）駿東郡神山村（御殿場市）　藤原北家大森氏流　大沼親清の子
（こうやま）　神山七郎親茂　（平安）神山領主

河合（かあい）　富士郡川合郷（芝川町）　藤原北家大森氏流　大森親康の孫
河合二郎清経　（平安）川合領主

河合（かあい）　富士郡川合郷（芝川町）　大宅氏流　大宅光房の孫

　　　　河合大次郎光延　（鎌倉）川合領主

蒲原（かんばら）庵原郡蒲原郷（蒲原町）　藤原南家流　入江権守清定の子
（神原）　　　　蒲（神）原五郎清實　（平安）蒲原蒲守、蒲原領主

蒲原（かんばら）庵原郡蒲原郷（蒲原町）　清和源氏流　今川範国の子
　　　　　　　　蒲原弾正少弼氏兼　（室町）足利幕臣

北脇（きたわき）有度郡北脇村（清水市）
　　　　　　　　北脇善十郎光定（信次）（戦国）今川家臣、北脇城主

久能（くのう）安倍郡入江庄久能村（清水市）秦川勝の孫
　　　　　　　　久能駿河守忠仁　（推古朝）駿河国守

草ケ谷（くさがや）庵原郡草ケ谷村（清水市）　庵原氏流
（草谷）　　　　草（ケ）谷定吉　（戦国）蒲原宿の長

草薙（くさなぎ）有度郡草薙郷（静岡市、清水市）
　　　　　　　　草薙日向守（道慶）（戦国）草薙神社の神官

沓間（くつま）駿東郡沓間村（御殿場市）藤原北家大森氏流、大沼四郎親清の子
　　　　　　　　沓間十郎　（鎌倉）幕府家人

小泉（こいずみ）富士郡小泉村（富士市）小笠原氏流　上杉泰清の子

小長井（こながい）志太郡小長井村（本川根町）清和源氏吉良氏流
小泉次太夫吉次　（戦国）今川氏真の家臣
小長井五郎左衛門久清　（室町）今川貞世（了俊）に属す
小長谷（こながや）志太郡小長井村（本川根町）清和源氏流　土岐山城清房の子
小長谷（井）和泉守清則　（室町）小長井城主、駿河守
佐野（さの）富士郡佐野村（芝川町か）和迩部姓　大宮司富士義高の子
佐野源左衛門義正　（南北朝）富士氏と共に南朝方
鮫島（さめじま）富士郡鮫島村（富士市）桓武平氏流
鮫島四郎宗家　（鎌倉）源頼家の家人
椎路（しいじ）駿東郡椎路村（沼津市）
椎路四郎宗友　（鎌倉）大工棟梁
渋川（しぶかわ）有度郡渋川村（清水市）藤原南家入江氏流
渋川左馬允景兼　（平安）入江庄渋川領主
島田（しまだ）志太郡島田（島田市）藤原氏流　近藤脩行の孫
島田権守景親　（平安）駿河権守
島田（しまだ）志太郡島田（島田市）清和源氏流　土岐頼康の子

島田伊予守満貞　（室町）室町幕臣

菅沼（すがぬま）駿東郡菅沼村（小山町）藤原北家大森氏流
菅沼五郎（蓮心）（鎌倉）幕府家人

駿河（するが）駿河国　清和源氏流　善積駿河掾惟忠の子
駿河次郎惟斎（平安）

駿河（するが）駿河国　藤原北家流　藤原清経の次男
駿河左近大夫近経（平安）

駿河（するが）駿河国　藤原北家大森竹下氏流か
駿河二郎清重（鎌倉）源義経の郎党

瀬名（せな）庵原郡瀬名村（清水市）清和源氏今川氏流　堀越貞延の子
瀬名陸奥守一秀（戦国）今川家臣、二俣城主

多胡（たご）富士郡田子浦（富士市）橘氏流　（水練達人）
多胡小橘太（平安）源義経郎党の伊勢義盛家臣

田中（たなか）益頭郡田中村（藤枝市）藤原氏宇都氏流
田中知氏（戦国）武田信玄家臣、後徳川家臣

田抜（たぬき）富士郡田貫村（富士宮市）和迩部氏流　富士郡大領の富士信時の孫

　田抜長者直継　（平安）平清盛の家臣
田貫（たぬき）富士郡田貫村（富士宮市）和迩部氏流　田抜直継の子
　田貫二郎貞扶　（平安）平清盛の家臣
高田（たかだ）駿東郡原字高田（沼津市）櫻井氏流
　高田藤左衛門　（戦国）開拓者、名字が地名
高橋（たかはし）庵原郡高橋村（清水市）物部氏族安倍氏流
　高橋連祖麻呂（高橋浄野）（奈良）駿河守
高橋（たかはし）庵原郡高橋村（清水市）大宅氏流　大宅光延の子
　高橋刑部丞光盛　（鎌倉）高橋領主
高橋（たかはし）庵原郡高橋村（清水市）藤原南家入江氏流
　高橋維頼　（鎌倉）幕府家人、遠江権守
竹尾（たけお）益頭郡花沢村竹尾（焼津市）大江氏流　大江安好の子
　竹尾泰兼　（室町）竹尾城主
竹下（たけした）駿東郡竹下村（小山町）藤原北家葛山氏流
　竹下孫八郎惟重　（鎌倉）幕府家人
玉作（たまつくり）駿河郡玉作郷（沼津市）

玉作金弓　（奈良）駿河員外

玉作部（たまつくりべ）駿河郡玉作郷（沼津市）
玉作部廣目　（奈良）防人

茶畑（ちゃばた）駿東郡茶畑村（裾野市）
茶畑三郎右衛門吉秀　（戦国）北条家臣

手越（てごし）安倍郡手越村（静岡市）桓武平氏流
手越平太家綱　（鎌倉）幕府家人

寺島（てらしま）志太郡寺島村（藤枝市）清和源氏流　伊久美道坡の長男
寺島六郎左衛門　（江戸初期）紀伊藩主徳川頼宣の家臣

外木（とのき）富士郡外木村（富士市）
外木治兵衛　（江戸）外木村の開発者、姓が地名

奈古屋（なごや）安倍郡奈古屋（静岡市か）清和源氏流　今川基氏の子
奈古屋五郎（今川）範国　（室町）駿河国主

名児屋（なごや）安倍郡奈古屋（静岡市か）清和源氏今川氏流
名児屋三郎　（南北朝）北朝方

名児耶（なごや）安倍郡奈古屋（静岡市か）清和源氏今川氏流

名児耶伊豆守時信　（戦国）今川家臣
（上記の　奈古屋、名児屋、名児耶は尾張国の名古屋か）

長久保（ながくぼ）駿東郡長久保村（長泉町）藤原氏流　大友親頼の三男
長久保親政　（室町）足利持氏に属す

長沼（ながぬま）有度郡長沼村（静岡市）藤原氏小山氏流
長沼五郎宗政　（鎌倉）幕府家人、愛宕山城主

西ケ谷（にしがや）安倍郡西ケ谷村（静岡市）
（西谷）西（ケ）谷弥七郎　（戦国）今川家臣

西山（にしやま）富士郡西山村（芝川町）紀臣族　大宅大次郎光延の子
西山大八季光　（鎌倉）西山領主

沼津（ぬまづ）駿東郡沼津郷（沼津市）清和源氏今川氏流　瀬名伊賀守氏方三男
沼津土佐守氏勝　（戦国）今川家臣

八幡（はちまん）有度郡八幡村（静岡市）文屋氏流　文屋美濃守元高の後胤
八幡氏（寛政期頃より）（江戸）八幡神社神主家

波梨（はなし）志太郡葉梨郷（藤枝市）藤原南家二階堂氏流
（葉梨）波（葉）梨入道維行　（鎌倉）駿河守

花澤（はなざわ）益頭郡花沢村（焼津市）
花澤蔵之助
（戦国）今川家臣

原（はら）駿東郡原（沼津市）・佐野郡原之庄とも　藤原南家流
原工藤大夫維仲
（平安）駿河権守、原庄の領主

原（はら）駿東郡原村か（沼津市）藤原南家入江氏流　船越駿河守清道の子
原左衛門尉隆房
（平安、鎌倉）幕府家人

半野（はんの）富士郡半野村　（富士宮市）和迩部姓富士氏流　大宮司富士義尊の孫
半野七郎保村
（南北朝）南朝方

仁杉（ひとすぎ）駿東郡仁杉村（御殿場市）
（にすぎ）仁杉伊賀守幸通
（戦国）北條家臣、後豊臣秀頼家臣

富士（ふじ）富士郡（富士市、富士宮市）和迩部姓
豊麻呂
（奈良）富士郡大領、浅間神社大宮司

藤枝（ふじえだ）志太郡藤枝村（藤枝市）清和源氏今川氏流
藤枝伊賀守氏秋
（戦国）今川義元の家臣

藤曲（ふじまがり）駿東郡藤曲村（小山町）藤原北家流　大森信濃守親家の孫
藤曲左衛門尉忠季
（鎌倉）藤曲領主

船越（ふなこし）有度郡船越村（清水市）　藤原氏流　入江右馬允維清の子
　船越四郎大夫清房（維綱）（平安）船越領主
古澤（ふるさわ）駿東郡古沢村（御殿場市）　藤原北家流か
　古澤禅師　（鎌倉）
別府（べっぷ）有度郡別府郷（清水市）　武蔵国住人別府尾張守幸時の後胤
　別府左衛門尉　（戦国）北條家臣
馬渕（まぶち）有度郡馬渕村（静岡市）
　馬淵弥次郎　（戦国）今川氏親家臣、浅間社人
前島（まえじま）志太郡前島村（藤枝市）　清和源氏今川範国の曽孫
　前島氏国　（戦国）今川家臣
牧（まき）駿東郡大岡牧（沼津市）　清和源氏か
　牧（大岡）三郎宗親　（平安）大舎人、平頼盛の家来
益頭（ましず）益頭郡（焼津市）　益頭検校尚房の子
　益頭駿次郎尚俊　（幕末）勝海舟らと咸臨丸で渡米
松野（まつの）富士郡松野村（富士川町）　藤原氏流
　松野六郎左衛門尉行易　（鎌倉）松野地頭、日蓮に帰依

三澤（みさわ）有度郡三沢村（清水市）
三澤小次郎
藤原南家入江氏流
（鎌倉）幕府家人、梶原一族を追討

三澤（みさわ）富士郡三沢村（芝川町）
三澤次郎昌弘
清和源氏飯島氏流　深澤入道昌俊の子
（鎌倉）日蓮に帰依、小次郎後裔とも

御宿（みしゅく）駿東郡御宿村（裾野市）
御宿六郎惟重
藤原北家流　葛山二郎惟忠の子
（鎌倉）幕府家人

御宿（みしゅく）駿東郡御宿村（裾野市）
御宿左衛門信名
清和源氏武田氏流、葛山播磨守信貞の子
（戦国）今川家臣、後武田家臣

宮下（みやした）富士郡宮下村（富士市）
宮下八郎左衛門尉高道
和迩部姓　富士義尊の子
（南北朝）南朝方

村垣（むらがき）益頭郡村垣郷（焼津市）
村垣大蔵頼員
清和源氏宇野氏流　大森治貞の後胤
（戦国）今川義元家臣

村松（むらまつ）富士郡村松村（富士市か）
村松次郎範時
和迩部姓　駿河目代の富士利生の子
（平安）

矢部（やべ）有度郡矢部村（清水市）
矢部三郎家實
藤原南家入江氏流氏
（鎌倉）幕府家人

矢部（やべ）　有度郡矢部村（清水市）　藤原氏流　四宮右衛門光国の子
　矢部弥次右衛門正国（戦国）今川義元家臣、外家の姓
八草（やくさ）　安倍郡八草村（静岡市）　高橋氏流か
　八草藤左衛門（戦国）駿府の浅間神社神官
薮田（やぶた）　志太郡籔田村（藤枝市）　清和源氏流
（薮田）　薮田卯左衛門佳勝（戦国）徳川家康家臣
由比（ゆい）　庵原郡由比郷（由比町）　大宅氏流　大宅光延の子
　由（油）比　大五郎光高（鎌倉）由比領主
由比（油比）（ゆい）　庵原郡由比郷（由比町）　藤原氏流（大宅氏流か）
（由井）　由比（井）五郎入道浄円（室町）今川家臣
吉川（よしかわ）　有度郡吉河村（清水市）　藤原南家工藤氏流　入江右馬允景兼の孫
（吉香）（きっか）　吉香（吉川）三郎経義（鎌倉）幕府家人、吉河領主
吉窪（よしくぼ）　駿東郡吉窪村（小山町）　藤原北家　大森信濃守親康の曾孫
　吉窪殿（菅沼三郎忠茂）（鎌倉）吉窪領主
良知（らち）　益頭郡良知郷（焼津市）　清和源氏今川氏流
（りょうち）　良知（四宮）図書之助（室町）今川家臣

藁科　（わらしな）安倍郡藁科村（静岡市）　藤原南家工藤入江氏流
藁科新左衛家治　（南北朝）藁科領主、南朝方大津城主

【遠江国】

安形　（あがた）浜名郡英多郷（浜松市）　浜名県主族
安形刑部左衛門　（戦国）徳川家康家臣

縣　（あがた）浜名郡英多郷（浜松市）　浜名県主族
浜名県主　（平安）浜名総社神明宮の神主家

青谷　（あおたに）磐田郡阿多古郷青谷（天竜市）
青谷左衛門次郎　（室町）浜名庄領主吉良家臣

赤佐　（あかさ）麁玉郡赤佐郷（浜北市）　藤原北家流井伊盛直の次男
赤佐三郎俊直　（平安）赤佐領主

浅羽　（あさば）長上郡浅羽庄（浅羽町）　清和源氏流
浅羽庄司宗信　（鎌倉）幕府家人

天方　（あまかた）山名郡天方郷（森町）　藤原氏首藤氏流　山内通弘の子
天方豊後守通秀　（室町）天方城主

安間（あんま）長上郡安間村（浜松市）　橘氏楠木氏流
（やすま）　安間了顕　（南北朝）南朝方、法蔵流鎗術始祖
井（い）引佐郡渭伊郷（引佐町）　藤原氏流
井の八郎　（平安）源義朝の郎党
井伊（いい）引佐郡井伊谷村（引佐町）　藤原北家流　藤原備中守共資の子
井伊備中守共保　（平安）井伊谷領主
飯田（いいだ）佐野郡幡羅郷飯田村　藤原氏首藤山内氏流
飯田和泉守道悲　（戦国）徳川家康に属す
池田（いけだ）遠江国池田宿（豊田町）　遠江国司豊麻呂の後胤
池田庄司長久　（平安）池田領主
石岡（いしおか）引佐郡石岡村（引佐町）　藤原北家流　井伊左衛門禰直の子
石岡土佐坊浄覚　（平安）石岡領主
石上（いしがみ）榛原郡篠間郷石上（神）村（川根町）　物部氏族
（いそがみ）石上朝臣真足　（奈良）遠江守
石神（いしがみ）榛原郡篠間郷石上（神）村（川根町）
石神（上）兎角之助　（戦国）石上城主、今川家臣

石ケ谷（いしがや）佐野郡上西郷村石谷（掛川市）藤原氏流　二階堂清長の子
（石谷）　石（ケ）谷十郎左衛門政清（戦国）今川家臣、後徳川家臣
石野（いしの）山名郡石野村（袋井市）藤原北家井伊氏流　貫名政直の子
石野六郎直友（鎌倉）
石野（いしの）山名郡石野村（袋井市）十市氏族中原師良の子
石野新九郎良清（南北朝）南朝方の武将
泉澤（いずみざわ）周智郡犬居郷泉沢村（春野町）
泉澤清三郎（戦国）子孫は竹内姓
市野（いちの）長上郡市野村（浜松市）藤原氏流　寺田右京進貞宗の孫
市野惣太夫真久（戦国）徳川家康に属す
一色（いっしき）周智郡宇刈郷一色村（袋井市）
一色與三郎（戦国）今川家臣
犬居（いぬい）山香郡犬居郷（春野町）
犬居左衛門五郎茂宗（鎌倉）犬居郷地頭、天野経顕郎党
入野（いりの）敷知郡入野村（浜松市）清和源氏流　今川国氏の三男
入野安芸守俊氏（南北朝）今川家臣、今川一族

入山瀬（いりやませ）城東郡入山瀬村（大東町）
入山瀬八郎　（南北朝）今川氏に属す

宇田（うだ）榛原郡宇田村（未詳）宇多源氏佐々木氏流
宇田太郎秀信　（鎌倉）幕府家人

上野（うえの）引佐郡上野平（引佐町）藤原北家流　井伊泰直の子
上野左衛門次郎直助　（室町）

上村（うえむら）浅羽庄上村（浅羽町か）清和源氏土岐氏流
上村源三郎持益　（室町）

内田（うちだ）城飼郡内田郷（菊川町）藤原南家相良氏流
内田三郎家吉　（平安）源頼朝に属し巴御前と戦う

内田（うちだ）城飼郡内田郷（菊川町）桓武平氏良文流　勝間田遠江守正胤の子
内田遠江守正貞（正之）（戦国）今川家臣、後徳川家臣

内山（うちやま）浜名郡内山村（新居町）
内山作兵衛　（戦国）都築氏に属し、後徳川家臣

遠州（えんしゅう）遠江国　滋野望月氏流
遠州次郎左衛門重長　（平安）

小野田（おのだ）　浜名郡小野田村（浜北市）　藤原南家二階堂氏流　石谷政吉の子
小野田小一郎為一　（戦国）小野田村の住人
於呂（おろ）　豊田郡於呂村（浜北市）
於呂五郎・小五郎・左衛門四郎　（鎌倉）幕府家人
大石（おおいし）　小笠郡大石村（小笠町）　藤原氏鷲山氏流
大石清兵衛高全　（戦国）高天神小笠原家臣
大河内（おおこうち）　豊田郡大河内村（春野町）清和源氏頼政流
大河内備中守貞綱　（戦国）吉良家臣、曳馬城主
大知波（おおちは）　浜名郡大知波村（湖西市）
大知波三郎　（鎌倉）
大谷（おおたに）　磐田郡大谷村（袋井市）
（おおや）　大谷忠太夫　（平安）源頼朝の兄朝長家臣
大屋（おおや）　引佐郡大屋村（三ケ日町）　清和源氏流
（大矢）　大屋（矢）左近大夫清政　（室町か）
奥山（おくやま）　引佐郡奥山郷（引佐町）　藤原北家流　井伊盛直の子
奥山俊直　（平安）

奥山（おくやま）引佐郡奥山郷（佐久間、水窪町）藤原南家流　工藤東太郎和能の子
奥山惣内重和（戦国）武田氏に属す

奥山（おくやま）周智郡奥山郷（佐久間、水窪町）清和源氏流　大膳亮良茂四代孫
奥山大膳亮茂近（室町）井伊氏流とも

加茂（かも）佐野郡山口郷鴨方村（掛川市）
加茂（鴨）右京亮（戦国）今川家臣、寺社奉行

各和（かくわ）佐野郡各和村（掛川市）清和源氏流　今川伊予守貞世の子
各和伊予守貞継（室町）今川家臣、各和城主

掛川（懸川）（かけがわ）佐野郡掛（懸）川村（掛川市）藤原南家朝比奈氏流
掛（懸）川泰能（朝比奈氏）（戦国）今川重臣、掛川城主

掛塚（かけづか）豊田郡掛塚村（竜洋町）
掛塚五郎兵衛（戦国）今川義元家臣

笠井（かさい）浜名郡笠井村（浜松市）清和源氏葛西氏流
笠井肥後守高利（戦国）武田信玄家臣

梶尾（かじお）遠江国梶尾村（未詳）
梶尾能登守義長（南北朝）北朝方細川元豊の麾下

葛布（かっぷ）　周智郡葛布村（森町か）
（くずふ）　葛布助左衛門吉助（戦国）

勝間田（かつまた）榛原郡勝間田郷（榛原町）清和源氏流　横地家長の子
勝間田玄蕃助成長（鎌倉）勝間田領主

勝間田（かつまた）榛原郡勝間田郷（榛原町）藤原南家工藤氏流　二階堂行久の後胤
勝間田遠江守行政（室町）足利家臣

葛俣（かつまた）榛原郡勝間田郷（榛原町）桓武平氏　良文流
葛俣（勝間田）正胤（室町）勝間田城主

蒲（がま）　浜名郡蒲庄（浜松市）藤原氏流　中納言藤原山蔭の孫
蒲越後守仲挙（静並）（平安）遠江大掾、蒲御厨荘官

川井（かわい）山名郡川井（合）村（袋井市）
川井宿禰良種（奈良）遠江国権少目

川井（かわい）山名郡川井（合）村（袋井市）藤原南家流　中納言藤原宗忠の子
川井兵衛尉宗久（鎌倉）源頼朝の家人

川合（かあい）山名郡川井（合）村（袋井市）清和源氏流　吉見範円の後胤
川井（合）蔵人源成信（戦国）佐野郡の倉真城主

河合（かあい）山名郡川井村（袋井市）　藤原北家井伊氏流
　河合直氏　（室町か）

木原（きはら）山名郡木原村（袋井市）　穂積姓　鈴木吉頼の子
　木原七郎兵衛吉次　（戦国）木原村地頭、徳川家臣

貴平（きひら）豊田郡羽鳥庄貴平郷（浜松市）
　貴平次郎大夫朝重　（室町）

京丸（きょうまる）周智郡小股京丸村（春野町）藤原氏流
　京丸三衛門三郎　（江戸）京丸村の住人

久野（くの）周智郡久野（能）村（袋井市）藤原南家入江氏流　原六郎宗忠の子
　（ひさの）久野四郎忠宗　（鎌倉）久野（久能）城主

倉澤（くらさわ）榛原郡倉沢村（菊川町）
　倉澤金三郎　（戦国）今川義元家臣

氣賀（けが）引佐郡気賀村（細江町）　藤原南家工藤氏流　船越清房の子
　（きが）氣賀次郎大夫維道　（平安）後興津姓、岡部清綱の子とも

氣賀（けが）引佐郡気賀村（細江町）
　氣賀庄右衛門宗保　（戦国）今川義元家臣

氣多（けた）　山香郡気田村（春野町）　桓武平氏伊佐氏流
（氣田）　氣多（田）清左衛門・太郎兵衛　（戦国）今川家臣の天野氏被官
小高（こだか）　佐野郡小高庄（掛川市）　高階氏流　高左衛門頼基の五男
小高左衛門重長　（室町か）
小名（こな）　磐田郡小名郷とも　藤原南家工藤河津氏流　小字祐家の後裔
小名（字）次郎三郎光雄　（室町）幕府家人、掃部助
小長井（こながい）　磐田郡小長谷郷（磐田市）　多臣族（こはせ氏）
（小長谷）（こながや）　小長谷直・善麻呂・足国　（奈良）遠江国の地方官
佐倉（さくら）　城東郡佐倉村（浜岡町）　源信栄の後裔
池宮神社神主家　（子孫が称す）
佐野（さの）　佐野郡（掛川市、小笠郡）
（さや）　佐野将監弘政　（室町か）
佐夜（さや）　佐野郡（掛川市、小笠郡）　物部氏流
佐夜直　（奈良）佐野郡の地方官
西郷（さいごう）　佐野郡西郷庄（掛川市）　藤原南家流　二階堂因幡守
西郷行清　（室町）西郷庄官

相良（さがら）　佐野郡相良庄（相良町）　藤原南家流　工藤遠江守維頼の子
相良周頼（平安）相良領主

匂坂（さぎさか）　磐田郡匂（向）坂村（磐田市）　藤原北家流　参議中将藤原共実の子
（向坂）　匂坂十郎則實（鎌倉）匂坂城主（清和源氏とも）

篠ケ瀬（ささがせ）　長上郡篠ケ瀬村（浜松市）　藤原北家井伊氏流
（篠瀬）　篠（ケ）瀬左衛門次郎光吉（室町）篠ケ瀬領主

澤田（さわだ）　佐野郡沢田村（掛川市）　荒木田氏族
澤田長門守忠頼（戦国）今川義元家臣

白羽（しらは）　榛原郡白羽村（御前崎町）
白羽惣左近（戦国）白羽領主

新貝（しんかい）　周智郡新貝村（磐田市か）
新貝真蔭（江戸）上川原村の庄屋、神職

須部（すべ）　引佐郡須部村（浜松市）
須部義忠（戦国）徳川家康に属す

瀬戸（せと）　引佐郡瀬戸村（細江町）　清和源氏流　今川貞世の四男
瀬戸貞兼（室町）室町幕臣

泉頭（せんとう）榛原郡千頭村（本川根町）
（千頭）（せんず）　泉（千）頭四郎兵衛　（戦国）千頭村の開発者
多々木（ただき）浜名郡只木村（三ケ日町）
　多々木九郎左衛門・慶音・方中　（室町）只木領主
田澤（たざわ）引佐郡田沢村　（引佐町）　藤原北家流　井伊爾直の孫
　田澤兵衛次郎直道　（鎌倉）幕府家人
田中（たなか）佐野郡富部田中村（掛川市）藤原北家流　井伊泰直の弟
　田中三郎兵衛貞家　（南北朝）南朝方
田中（たなか）佐野郡富部田中村（掛川市）清和源氏新田氏流
　田中新左衛門　（戦国）今川義元家臣
田中（たなか）佐野郡富部田中村（掛川市）清和源氏流　安田遠江守義定の後裔
　田中因幡守義堯　（戦国）田中城主
伊達（だて）佐野郡山口郷伊達方（浅羽町）　藤原氏族
　伊達右近将監景宗　（南北朝）今川範氏家臣
高天神（たかてんじん）小笠郡土方村高天神（大東町）　美濃刀工の兼明の子
　高天神兼明　（室町）刀鍛冶、高天神城下の住人

高橋（たかはし）城飼郡高橋庄（小笠町）　物部氏族
　高橋朝臣国足（奈良）遠江国官人少掾
高橋（たかはし）城飼郡高橋庄（小笠町）　藤原南家狩野氏流　遠江権守維頼の後胤
　高橋氏（名不詳）（戦国）今川家臣
高林（たかばやし）敷知郡高林村（浜北市）　清和源氏小笠原氏流
　高林豊後守政信（室町）今川氏に属す
高林（たかばやし）敷知郡高林村（浜北市）　清和源氏今川氏流
　高林市左衛門吉利（戦国）今川家臣、後に徳川家臣
只来（ただき）磐田郡只木村（天竜市）
（ただらい）只木信近（上只木）・長信（下只木）
谷澤（たにざわ）引佐郡谷沢村（引佐町）　藤原北家流　井伊左衛門尉彌直の子
（やざわ）谷澤五郎左衛門直村（鎌倉か）
辻村（つじむら）浜名郡和地村辻村（掛川市）　吉野姓
　辻村駿河（幕末）遠州報国隊員、明治期は軍人
寺田（てらだ）佐野郡寺田村（掛川市）　藤原南家流　原権守藤原師清の後胤か
　寺田右京亮真宗（戦国）今川家臣

戸塚（とつか）戸塚郷（磐田郡南部）　清和源氏流（正重は勝間田平三成重の子）
戸塚七郎正重・五郎太夫忠春（室町）戸塚領主

戸部（とべ）富（戸）部田中（掛川市）清和源氏田中氏流
（富部）（とんべ）戸（富）部新左衛門豊政（戦国）今川家臣、尾張笠寺城主

土橋（どはし）山名郡土橋村（袋井市）安倍氏族　隠岐氏流
土橋秀綱（戦国か）

富塚（とみづか）浜名郡富塚村（浜松市）
富塚五郎右衛門久行・修理亮元繁（戦国）今川家臣

豊田（とよた）豊田郡（磐田郡）御三条氏木寺宮氏流
豊田源太夫（鎌倉か）

中田（なかだ）長上郡中田村（浜松市）藤原氏流
中田甚右衛門正次（戦国）徳川家康家臣

中村（なかむら）小笠郡中村（小笠町）紀氏流　大内記紀遠定の子
中村紀三郎忠遠（平安）中村領主

新野（にいの）城飼郡新野郷（浜岡町）
（しんの）新野太郎・三郎高政・左近将監景直（鎌倉）幕府家人

新野（にいの）　城飼郡新野郷（浜岡町）　清和源氏今川氏流　入野俊氏の子
新野弾正少弼俊国（室町）今川家臣

西方（にしかた）榛原郡西方村（菊川町）
西方遠江守景能（鎌倉）西方領主、姓が地名

貫名（ぬきな）　長上郡貫名郷（袋井市）　藤原氏流　井伊太郎盛直の子
貫名四郎政直（平安）遠江介

野邊（のべ）　磐田郡野辺庄（豊岡村）　桓武平氏流　織田敏宗の子
野邊越後守當信（秀當）（戦国）織田信長家臣

野邊（のべ）　磐田郡野辺庄（豊岡村）　藤原南家入江氏流　太田清家の子
野邊三郎家貞（平安）野辺領主

幡鎌（はたがま）佐野郡幡鎌村（掛川市）　清和源氏　源義隆の後胤
幡鎌平四郎義范（戦国）今川家臣

花島（はなじま）山香郡熊切郷花島村（春野町）
花島三郎左衛門（戦国）今川家臣天野氏の被官

濱名（はまな）　浜名郡（三ケ日町、他）　清和源氏福原氏流
濱名左衛門三郎（鎌倉）幕府家人

濱名（はまな）　浜名郡（三ケ日町、他）　村上源氏流
濱名左衛門義尊（南北朝）南朝方
原川（はらかわ）佐野郡原川村（掛川市）
（原河）原川（河）大和守・讃岐守入道（戦国）今川家臣
原田（はらだ）佐野郡原田庄（掛川市）藤原南家工藤氏流　遠江権守清仲の子
原田権守清延（平安）原田領主
孕石（はらみいし）小笠郡孕石郷（掛川市）藤原南家工藤氏流　原孫三郎光頼の子
孕石小六高忠（室町）今川家臣、孕石領主
半場（はんば）長上郡半場村（佐久間町）藤原氏流　平野盛行の後胤（源氏とも）
半場氏（戦国か）
比々澤（ひびさわ）引佐郡比々沢郷（三ケ日町）
比々澤眞家（鎌倉）幕府家人
土形（ひじかた）城飼郡土形郷（大東町）応神天皇の子の大山守命の裔
土形君（奈良）土形領主
土方（ひじかた）城飼郡土形（方）郷（大東町）清和源氏宇野氏流
土方太郎季治（平安）

土方（ひじかた）城飼郡土形（方）郷（大東町）
　土方太郎義起
　（鎌倉）土方領主、高天神築城
廣戸（ひろと）今庄広戸（未詳）藤原南家流　二階堂三郎行村の後胤
　廣戸刑部久村
　（室町）足利幕臣
二俣（ふたまた）磐田郡二俣村（天竜市）藤原氏流
　二俣弾正近長
　（平安）横地太郎家長家臣
二俣（ふたまた）磐田郡二俣村（天竜市）清和源氏杜山氏流
　二俣近江守昌長
　（室町）今川家臣、二俣城主
平民（へいみん）山名郡平民村（浅羽町）藤原景光（泥大夫の裔）
　平民氏
　（戦国）姓が地名、子孫は井浪姓
堀内（ほりうち）浜名郡堀内村（三ケ日町）藤原氏持明院流
　堀内孫右衛門尉
　（室町）今川家臣
堀江（ほりえ）浜名郡堀江村（浜松市）藤原氏大河原氏流
　堀江下野守
　（室町）堀江城主
堀江（ほりえ）浜名郡堀江村（浜松市）藤原北家流井伊氏流
　堀江五郎大夫（井伊）
　（戦国）

堀越（ほりこし）周智郡堀越村（袋井市）清和源氏流　今川治部少輔範将の子
堀越陸奥守貞延（戦国）今川家臣見付端城主

堀谷（ほりたに）麁玉郡堀谷郷（浜北市）桓武平氏流
堀谷弥九郎正厚（戦国）徳川家康家臣

松下（まつした）山名郡松下村（浅羽町）宇多源氏佐々木氏流　鏡松下秀頓の子
松下左京亮秀俊（南北朝）

松下（まつした）笠原庄平河郷松下（小笠町か）宇多源氏佐々木氏流
松下出雲守高長（室町）今川家臣

松平（まつだいら）佐野郡東山村松平（磐田市）
松平辰蔵（隼蔵）（江戸初期）子孫は本目姓

三倉（みくら）周智郡犬居郷三倉村（森町）多々良氏族大内氏流　矢部正貞の弟
三倉久右衛門宗正（江戸）三倉村大庄屋

壬生（みぶ）磐田郡壬生郷（磐田市）
壬生直施理（奈良）駿河国少領

丹生（みぶ）磐田郡壬生郷（磐田市）
丹生直弟上（奈良）駿河郡司

向笠（むかさ）豊田郡向笠村（磐田市）
向笠伯耆守
藤原氏流か
（南北朝）向笠五ケ村領主

村櫛（むらくし）浜名郡村櫛村（浜松市）
村櫛三郎兵衛尉
三位中将藤原茂氏の後胤
（鎌倉）幕府家人

村松（むらまつ）山名郡村松村（袋井市）
村松源左衛門尉茂堯
（戦国）今川家臣

村松（むらまつ）山名郡村松村（袋井市）
村松宗祐
清和源氏流　石和伊豆守信政の後胤
（戦国）今川家臣

森（もり）周智郡森（森町）
森太郎左衛門泰守
藤原氏大森氏流（清和源氏とも）
（戦国）今川氏親家臣、草薙神社神主

諸井（もろい）周智郡諸井村（浅羽町）
諸井民部少輔氏直
清和源氏　堀越氏延の子
（戦国）今川家臣

山香（やまが）山香庄（佐久間町）
山香新七郎頼弘
清和源氏流
（室町）

山住（やまずみ）周智郡山住村（水窪町）
山住助大夫茂恒
藤原氏流　守屋左衛門佐茂家の後裔
（室町か）山住神社宮司家

山名　（やまな）　山名郡山名庄（袋井市）

　山名源右衛門　（戦国）今川家臣

横地　（よこち）　小笠郡横地村（菊川町）　清和源氏流　源義家の子

　横地太郎家長　（平安）横地領主

吉永　（よしなが）　榛原郡吉永郷（大井川町）　藤原氏流

　吉永遠江守家氏　（平安）

渡瀬　（わたらせ）蒲庄渡瀬村（浜松市）　清和源氏新田氏流　渡瀬左衛門詮繁四男

　渡瀬源左衛衛門詮　（戦国）渡瀬村名主、姓が地名

2　県内発祥の名字の系図

現在、使用している名字には、その名字を最初に名乗った初祖があり、初祖の親は異なる名字を名乗っていた事になる。名字の歴史を見ると、「氏（ウジ・シ）」や「姓（カバネ）」や「部曲（カキベ）名」の他に、居住地、所領地（名田）や由緒に因んで新たな「名字」を名乗ったのであり、その子孫が更に新たな名字（派生名字）を名乗っている。本来、「氏」や「部」は一族や集団を特定し識別するという名称であるが、氏族が広く繁延すると特定し難くなるので、「名字」は細分類して識別し特定するという効用を満たしていると言える。

例えば、平安時代、既に全国的に拡繁した藤原氏は、藤原の系統と官職の国守名や居住国名を合成して「伊藤、遠藤、加藤、駿藤、武藤」などのように「名字」を発生している。(藤原姓の名字については、「五―5藤のつく名字は藤原氏族か」を参照されたい)

平安、鎌倉時代には、源義光（新羅三郎）の三子は、義業（佐竹氏）、義清（武田氏）、盛義（平賀氏）、又、源義国の二子は、義重（新田氏）、義康（足利氏）となり、親子、兄弟で名字が異なり、豊臣秀吉は木下、羽柴、豊臣と名字が変わっているように一生の内に何度も名字が変わったという事も珍しいことではない。

☆藤原南家・工藤氏流の名字略系図

- 藤原（南家）
  - 工藤
    - 入江
      - 船越
        - 岡部・興津・橋爪・中庄・久野・禁架
        - 禁架（気賀）・矢田・樋口・落合
        - 原・今井
      - 蒲原
        - 池屋・原
      - 地越
        - 澁川・吉香（吉川）
      - 原
        - 孕石・中・寺田
        - 瀧戸・小澤・岩本

狩野
太田―野邊・矢部
天野―安藝・周防
伊東・宇佐見（宇佐美）・葛見・河津・田代・
長野・伊豆・曾我・小字（小名）・吉田・近藤
澁水

有坂・早川・坂本・北條・南條

二階堂
波梨・白尾・白波・白河・壊島・保土原・井手・
井手・西郷
石谷・小野田

相良―井伊・備藤・伊東

遠藤・武藤

☆藤原北家・大森氏流の名字略系図

- 藤原（北家）
  - 大森
    - 上野
    - 大沼
      - 菅沼
        - 吉窪・北條
      - 神山
        - 沓間・相田
      - 平和田・里嶋
    - 河合・藤曲
    - 鮎澤
      - 葛山
        - 黄加野・上田・御宿
        - 菅原・竹下・岩城
      - 山戸林・篠葉・平山・葦澤

☆藤原北家・井伊氏流の名字略系図

- 藤原（北家）
  - 井伊
    - 赤佐
      - 奥山・早田井・篠瀬
    - 貫名
      - 石野
    - 田中
      - 田澤・松田
    - 平井・井手・谷澤・谷津・石岡・岡
    - 川井（河井）・中野・堀江

☆桓武平氏・貞盛流の名字略系図

平
- 先代—阿多美—北條—江間（江馬）—名越・金澤
- 中村—土肥—小早川
- 村岡—畠山・千葉
- 三浦—和田・佐原
- 相馬・長田
- 鎌倉—大庭・梶原

☆清和源氏・新田、足利氏流の名字略系図

源
（甲斐源氏）
- 新田・平賀・武田・佐竹・山本など
- 足利—畠山・桃井・斯波・澁川（渋川）・仁木・細川
  - 吉良—今川
    - 関口—長澤
    - 入野—新野
    - 木田—大木
    - 瀬名—沼津
    - 堀越・蒲原・瀬戸・乗木

- 名和（那波）——寺島
- 小鹿・西尾

☆清和源氏・海野、望月氏流の名字略系図

- 源
  - 海野
    - 小田切・會田（会田）・眞田（真田）・塔原・山澤
    - 丹澤・借屋原
  - 望月——遠州——吉川
    - 豊田
    - 福島——増田・浜岡・池長
  - 禰津（祢津）

☆清和源氏・佐竹、武田氏流の名字略系図

- 源
  - 佐竹
    - 津金
      - 小池
  - 武田
    - 栗原・一条・板垣・甘利・石和・伊澤・吉田
    - 岩崎・石橋・馬淵（馬渕）・小松・於曽
  - 逸見・安田・南部・秋山
  - 小笠原
    - 大井・伴野・三好
  - 平賀

二　静岡県内の名字の変遷

1　県内の名字分布と名字の種類数

静岡県は日本列島の中心に位置し東西に帯状に長く、東は神奈川県、西は愛知県に連なる陸路が往昔より貫通し、北の山岳地帯は山梨県と長野県に接し、南流する富士川、大井川、天竜川などの大河に沿って南北を結ぶ幾つかの「陸の大街道」が拓けている。

南は黒潮が東流する太平洋に面し、東方海路は神奈川県、東京都沖を経て千葉県、更に三陸沖に通じ、西方海路は愛知県、三重県から和歌山県へ、更に四国、九州など、尽きることない八重の潮路の「海の大街道」が拓けている。

又、流水量の変動の大きい大井川、急流で名高い富士川、「暴れ天竜」の名のある天竜川で三分割され、百三十年前の明治初期まではそれぞれ二千年の歴史を持つ伊豆、駿河、遠江の三国に区分されていた。

このように地の利に恵まれ交通網が拓けていた静岡県は、往古から人の往来が激しく、同時に人の定住が盛んであったので、人と共に移動した名字の種類は地方県としては、他県に比べて多く、その分布も広範囲である。一方、三国の異なる歴史的背景が今も存続していて、名字の分布には伊豆、駿河、遠江や東、中、西部の地域毎の特徴があることは確かである。

農民の移住が禁止された慶長四年（一五九九）から、人が自由に移住できるようになった明治初期までは、大名の転封の他は人の大量移動は減少したが、一方では、制約の無かった非生産者の商家が経済活動の活発であった宿駅へ個々に移住することは続いていたらしく、人口の推移や定住した人々の家系を遡ると各宿駅は名字の多種、多様化が進んでいたことが判る。しかし、全体的には一般庶民の名字の数や分布に大きな変動は無く、静岡県名字ランキング上位の名字の殆どは、分布状況やランキングでみると、現在と大同小異であったと推測することができる。

名字の分布や種類を分析してみると、名字の分布状況や種類によって陸路の街道や海路を利用して来住した人々の移住過程が推測できる。人が移出入するという事は、名字が移出入する事であるから、県内に移入した人達とその名字分布をみると、伊豆国（伊豆地方）、駿河国（東、中部）、遠江国（西部）の国境や富士川、大井川、安倍川、天竜川などの大河を境にして、名字の種類や分布状況が大きく相違している事が判り、その地域の名字の特色を解明する上で役立つ事が多くある。

次に県内を東部、伊豆地方、中部、西部に区分して名字の分布状況に触れてみる。

地域を特定しやすくする為、平成十五年（二〇〇三）の静岡市、清水市の合併に始まる市町村合併前の市町村単位の名で記述する。

▼県東部

駿河国東部地区と伊豆国を包含する県東部地域は、甲斐国（山梨県）の地名から発祥し戦国時代に活躍した武田家臣に見える名字や、相模国（神奈川県）の地名を名字地とする名字が多い。それらの名字は甲斐国から「塩の道」と呼ばれる富士山の東麓、西麓を迂回する「甲斐路」を利用して移入したり、相模国から「箱根路」「鎌倉街道」を通って駿東地域に移入したり、海路を利用して伊豆国の東海岸に着岸したと推測できる。

県東部全域に現存する名字分布をみると、大姓の鈴木、渡辺、佐藤、杉山姓は県内全域に亘って多いので例外とすると、川口、天野、芹沢、植松、井出、勝又、勝間田、原、深沢、萩原などの名字が多く分布する。これら名字はランキング上位に入るが、この地域から発祥したという名字は少ない。

小地域で特有の名字をみると、佐野姓は富士市、富士宮市岩崎姓、川口姓、植松姓、長沢姓、萩原姓は沼津市周辺地勝又姓、勝間田姓、大庭姓、芹沢姓、土屋姓などは東駿地域に多く地域的特色が表れているが、これら名字は甲斐国に縁の深い名字が多い。

市部ではランキング上位の大姓の分布は東海道宿駅のあった三島、沼津、富士の三市ともよく似ているが、全国的大姓の鈴木、渡辺、山本、佐藤姓などを除くと、沼津市の川口姓、裾野市、御殿場市の勝又姓、御殿場市の勝間田姓、長田姓、富士市、富士宮市の佐野姓、望月姓、石川姓などが目立って多い名字である。

郡部では、清水町の岩崎姓、小山町の岩田姓、湯山姓、田代姓、芝川町の佐野姓、清姓、深沢姓などが多く、これら名字は中、西部と比較すると異色の名字と言える。

県東部の名字ランキング五位までの名字密集率（後述）をみると、北駿の富士宮市は二〇%を超え、清水町、長泉町よりも名字流動性（後述）が低く、人の移入に伴う名字の流入が少ないという事を表している。特に芝川町は県内では名字流動性が最も低い数値を示し、一位の佐野姓が二〇%近く（五人に一人）である。

▼伊豆地方

東部の中でも伊豆地方は特色があり、伊豆半島をみると、中央を南北に貫く中央部地区は甲斐国（山梨県）に縁深い名字が分布し、東海岸は相模国、房総（千葉県）、西海岸は伊勢国（三重県）、紀伊国（和歌山県）、南海岸は黒潮の流源の西方向の南海、四国、瀬戸内、九州や東方向の房総などに昔からあった名字が多く分布する。それら東西南海岸に分布する名字には船で来航したという伝承のある名字もあるが、伝承が無くとも殆どの名字が何時の時代かに海路を利用して来航したことを容易に連想させる。

伊豆地方の名字分布をみると、大姓の鈴木姓、渡辺姓など伊豆の上位ランキングに入る名字は、東、中、西部に共通する。土屋、石井、大川、日吉、平川、梅原、菊地、菊池、萩原、水口、室伏、関、金指、古屋、松田姓などの名字は、全国的に分布するとはいえ、数の上ではこの地方特有の名字と言える。

小地域で特有の名字をみると、北伊豆は三島市が往昔から東海道の宿駅であったためか、三島市周辺の函南、韮山町辺までの地域の上位名字分布は、宿駅であった隣の沼津市と同じ傾向である。しかし、熱海市では小松姓、伊東市では石井姓、大仁町は西島姓、修善寺町は梅原姓、天城湯ケ島町は大川、浅田姓、中伊豆町は塩谷姓が多いのは異色であり、南の下田市では県内で稀少な進士姓が多くあり、東海岸では東伊豆町、河津町の稲葉姓、平川姓が目立ち、西海岸の賀茂村では浅賀姓、戸田村は野田姓、土肥町は勝呂姓などが多い。これらの名字は伊豆地方に古くから分布する名字である。

伊豆地方の名字分布の特色として、殆どの市町村で名字ランキング一位という鈴木姓が戸田村では五位内に入らないことと、伊豆全域に拡繁する土屋姓が西海岸では少ないことが挙げられる。

名字ランキング五位までの名字密集率（後述）をみると、熱海市は九％で静岡市、沼津市、三島市、伊東市、浜松市よりも低く、県内では名字の移入が最も激しく行われていた事を示し、県内最高の名字流動性（後述）を示している。

西海岸は名字流動性（後述）が最も低く、東海岸地域に比べると外部からの人の移入が極端に少なく、県内では名字の流入が少ない地域であることを物語っている。

▼県中部

富士川西岸から大井川東岸の島田宿までの中部地域は、甲斐国、信濃国を発祥地とする名字が古くから圧倒的に多く分布し、それらの名字は富士川沿いなど南北の街道を峠越えして移入したと推測される。

県中部の名字分布をみると、大姓の鈴木姓は勿論、渡辺、杉山、佐藤、山田、斎藤姓などの上位ランキングに入る名字は、東、西部の分布傾向と略共通する。それに続く望月、池谷、池ケ谷、海野、青島、小川、大石、桜井、松本、牧野、増田、山梨、滝、曽根、長田姓などの名字は、全国的分布の名字とはいえ、この地域全体には多く分布し、中にはこの地域発祥という名字も含まれている。

小地域で特有の名字をみると、静岡市や由比、蒲原、富士川の各町に密集する望月、海野姓は、発祥地の信濃国には少ないというから異色と言える。中でも上位ランキングにある藤枝市の青島姓、島田市の塚本姓、大井川町の池谷姓、富士川町の若月姓、島田市、藤枝市、大井川町の杉本姓、焼津市の長谷川姓、岡部町の前島姓、村越姓などは密集しているという事で特色と言える。

市部の名字ランキング五位までの名字密集率（後述）をみると、静岡市をはじめいずれも西部の浜松市、東部の沼津市、三島市と同様に一〇％程度であり、昔から人の移動が多かったことを示している。

▼県西部

大井川西岸の金谷宿から白須賀宿までの西部地域は、三河国と尾張国、信濃国に昔からあった名字と共通する名字が極めて広く分布する。東海道の他、東西を結ぶ姫街道、秋葉街道や天竜川沿いの信州街道を利用して移入してきたと推測できる。

県西部の名字分布をみると、大姓の鈴木、中村、山本姓など県内全域に分布する名字を除くと、この地域特有の大姓は西部全域に亘って拡繁している伊藤姓が挙げられる。その他、内山、寺田、袴田、河合、川合、大橋、渥美、神谷、杉浦、森下、戸塚、金原、赤堀、小沢、高柳、古橋、榛葉、野末、木下、安間、菅沼姓などが多く分布し、中部、東部、伊豆地方とは異なっている。この中にはこの地域特有の名字や、この地域発祥の名字が含まれているが、大部分は三河国、信濃国、伊勢国に縁の深い名字である。

市部で特有の名字をみると、掛川市の松浦、山崎、榛葉、戸塚姓の各名字、袋井市、磐田市の寺田姓、袋井市の大場、名倉姓、磐田市、浜松市の山下姓、浜松、浜北、天竜の各市の内山姓、湖西市の佐原、菅沼、豊田姓の各名字、浜北市、天竜市の河合姓などはその地域特有の大姓と言える。

郡部をみると、御前崎町の松井、沢入姓、相良町の名波姓、榛原町、吉田町、大須賀町、浅羽町、福田町、大東町の各町の大石姓、金谷町の北川姓、川根町、中川根町の森下姓、川根町の小玉姓、本川根町の大村姓、大須賀町の戸塚姓、浜岡町の河原崎姓、大東町の赤堀姓、小笠町の赤堀姓と黒田姓、松下姓、浜岡町の松下姓、菊川町の落合姓、八木姓、浅羽町の金原姓、竜洋町の大庭姓、豊田町の大橋姓、佐久間町の平賀姓、森町の村松姓、春野町の天野姓、水窪町の守屋姓、豊岡村の川合姓、龍山村の宮沢姓、雄踏町の宮崎姓、舞阪町の河合姓、新居町の疋田姓、細江町、引佐町の内山姓、引佐町の野沢姓、野末姓、三ケ日町の外山姓などが目立って多い。

この中には都市部で稀少な名字がいくつもあり、小地域の特色も濃いが、名字分布が多様化していて人の移動に伴う名字の移入過程も複雑である。

名字ランキング五位までの名字密集率（後述）でみると、福田町の三六％が名字流動性が最も高く、次いで豊岡町、龍山村、雄踏町、御前崎町、小笠町、森町と続き、東海道から離れた地域は人の移動が少なかった事を示している。意外なのは、川根、中川根、本川根三町の名字密集率の数値が掛川市に匹敵する程低く、名字流動性が高い事であるが、人口減少が大きく影響している為と推測される。

▼県内の名字の種類数

全国的に名字の種類数をみると、人口は増加しても子は親夫婦どちらかの名字を継承するので、特別の事由により新規の名字が発生する改姓や変姓による廃姓を除けば、名字の種類数は増加しないと推考されている。

静岡県内の名字の種類数は今までは不明であったが、平成十八年発行のＮＴＴ「ハローページ（個人名）」に拠ると、約一万九四〇〇姓ある。

この数は、「ハローページ」が「名字の読み方」により編集されていて、その中には「読み方」は異なっても「文字」は同じという名字が約八〇〇姓あるので、「名字の文字」で数えると約一万八六〇〇姓に減少する事になる。

「名字の読み方」については、本書の第五章「静岡県内の名字の特色」の15項「同字異読」を参照されたい。

「ハローページ（個人名）」は、本人の希望で登載していない人や、自営業、自由業などの人で店名や事務所名を「ハローページ（企業名）」だけに登載し、（個人名）には掲載しないという人もあるというから、実際の名字の種類数は約一万九〇〇〇姓前後と推定される。この名字の種類数は大都市を擁する都府県に次ぐ数であり、地方県で比較すると上位に位置する数であると推考される。

▼名字分布の指標（名字密集率・名字流動性）

産業が発達し交通至便になる地域は人の流通が激しく、当然、人の移入、定着により人口が増加して都市化（過密化）し、各名字の数と名字の種類数も増加する傾向になり、逆に産業が停滞し交通不便な地域は流出する人が多く人口が減少して過疎化し、各名字の数と名字の種類数は減少傾向となる。

一名字当り人口（世帯数）＝人口（世帯数）／名字の種類数

一名字当り比率＝一名字の数／全名字の数

名字分布の数量的傾向（％）＝

名字ランクn位までの人数（世帯数）の累計／全人口（全世帯数）

前記の式「名字の数量的傾向（％）」を筆者は「名字流動性の算式」と名付け、この比率を「名字密集率」と称している。

次に、この式を使い、県下の各市町村名字ランキング一位の名字と、五位までの名字の累計を当てはめて名字密集率を算出する。（ ）はその市町村で名字ランキング一位の名字。

一、市町村名字ランキング一位の名字の割合

［市部］ 最小（都市化）熱海市（鈴木） 最大 天竜市（鈴木）

［郡部］ 最小 由比町（望月） 最大（過疎化）西伊豆町（山本）

二、市町村の名字ランキング五位までの名字の割合

［市部］ 最小（都市化）熱海市（鈴木） 最大 天竜市（鈴木）

［郡部］ 最小 佐久間町（伊藤） 最大（過疎化）芝川町（佐野）

三、市部の名字ランキング一〇位までの名字の累計の割合

［最小］ 熱海市、静岡市、浜松市、三島市、沼津市の順

［最大］ 天竜市、富士宮市、浜北市、下田市、袋井市の順

最小値（都市化傾向）の一位は熱海市、最大値（過疎化傾向）の一位は天竜市で市部の中では一貫して変わらない。

これら傾向は名字ランキングの上位順に一位からn位までと累計を増す程、傾向の分析が正確かつ容易になる。更に、隔年毎に調査して比較すれば正確度が著しく向上し名字の視点

から地域の特徴をより精密に知ることができる。

2　県内の名字が急激に増加した時期

▼名字移入の経緯

静岡県は往古から陸、海路の交通の要衝であったので、東西南北いずれからも人の往来が盛んに行われ、永い歴史の間には多くの人々の移動に伴って名字も限り無く移動した。

こうした人の往来に加えて、気候風土に恵まれた地である静岡県内は、宿場だけでなく県内全域に県外からの移住も多くあり、名字の種類数も増加したが、それらの人々の移入には様々な経緯があったと推測される。

ここで史実のある移入経緯を列挙し、それら経緯は時代の影響による特色があると考えられるので時代を付記してみた。

一、駿河、遠江、伊豆国の国守や各地の荘園などの領主として来住（奈良、平安）
二、駿河、遠江、伊豆国の在庁官人として赴任して定住（奈良、平安）
三、神社の勧請に伴い宮司や神官として赴任して永住（平安、鎌倉）
四、守護、地頭として赴任して定住（鎌倉、南北朝）
五、京都の戦乱を避けて来住（時代不問）

六、県内の戦場に参戦し、敗戦後、戦場付近地に隠住（鎌倉、南北朝、戦国）
七、近隣国の武将や豪族が県内に進出し、家臣が永住（戦国）
八、街道往来の途次に事由あって定住（時代不問）
九、大名の入封、その家臣の随従による来住（江戸）
一〇、幕臣の赴任地、知行地への移動（江戸）
一一、志を抱いて繁栄地の静岡県内の地に来住（時代不問）
一二、海路交易のため来航し、商売上の基地としてその港に定住（時代不問）
一三、風雨のため漂着した地に馴染み、そのまま定住（時代不問）
一四、海や気候、風土、富士山に憧憬して来住（時代不問）

以上列記した経緯の中で、不特定多数の人達が来住し県内の名字分布やその名字数に大きな変化を及ぼしたと見られるのは、江戸時代の大名の転入封による家臣団の移出入を除けば、戦場に赴くために県外の軍勢が往来した時や、県内の地を戦場として県外の軍勢が戦った時期であろう。特に戦いには勝者がある反面必ず敗者があり、戦場の近隣地に隠住する落武者や戦場離脱者が多く出るからである。

県外の軍勢が県内を往来したり、県内の地が戦場となった主な史実を拾出してみよう。

▼県内での戦いと軍勢の往来

［平安時代から源平争乱時代まで］

源平争乱時代以前の戦いでは源平両軍が対陣した富士川の合戦を除くと、軍勢の往来だけで戦場となったことは殆ど無い。

一、征夷大将軍坂上田村麻呂が延暦二〇年（八〇一）に陸奥国の蝦夷を征伐した時、京都から陸奥国までの往復した軍勢の往来。

二、陸奥守源頼義、義家父子が陸奥国の安部氏の反乱を討伐した前九年の役（一〇五一〜六二）の時、京都から陸奥国までを往復した軍勢の往来。

三、源義家が陸奥国の清原家衡、武衡を討伐した後三年（一〇八三〜八七）の時、京都から陸奥国までを往復した軍勢の往来。横地、勝田氏の先祖の家長は、義家が陸奥国に赴く途次、相良光頼（維頼とも）の娘に産ませた子と伝えられる。

四、伊豆国に挙兵し石橋山で敗れ房総に遁れた後、坂東武者を糾合させた源頼朝軍と甲斐源氏武田氏の軍勢とが合流し、治承四年（一一八〇）一〇月、平維盛を大将とする京都からの平家の大追討軍と富士川を挟んで対峙した富士川の合戦。

五、富士川の合戦以後、長門国（山口県）壇の浦で平家が滅亡（一一八五）するまでの源平争乱の時期、源範頼、義経兄弟を大将とした鎌倉軍が、木曽義仲の討伐や平家追討のため、鎌倉から発して京都、四国、中国地方、更に九州までを往復する際の鎌倉方の軍勢の往来。

［鎌倉時代］

六、承久の変（一二二一）で鎌倉幕府執権北條泰時が幕府御家人を動員して京都に攻め上った時の幕府方軍勢の往来。静岡県内在住の幕府御家人も参軍した。

七、建武二年（一三三五）七月の中先代の乱の時、足利直義軍と北条時行軍の安倍川手越河原（静岡市）での戦い。

［南北朝時代］

全国の武将が南朝と北朝方に分かれて戦った時代であり、京都と鎌倉の中間に位置する静岡県は戦場になったり、県内在住の武将や土豪も南北両朝方に分かれて戦った。

八、建武二年（一三三五）一二月、建武中興後に反抗した足利尊氏軍と官軍新田義貞軍の安倍川手越河原（静岡市）の戦い。

九、建武二年一二月、新田義貞軍の別動隊脇屋義助（義貞の弟）の官軍と足利尊氏軍とが箱根、竹之下（小山町）に戦い新田軍が大敗したという竹之下の戦い。

一〇、暦応二年（一三三九）＝延元四年七月、京都からの北朝方高師泰、師冬らの軍勢に攻撃され、南朝方の鴨江城（浜松市）、千頭峰城（三ケ日町）、三岳城（引佐町）、続いて大平城（浜北市）も落城した時の攻防戦。

この後、井伊城（引佐町）城主井伊道政、高顕父子に迎えられていた南朝宗良親王は信濃国（長野県）方面に転戦していった。

一一、北朝方の足利尊氏が弟直義と不和になり、観応二年（一三五一）、兄弟の軍勢が駿河国薩埵山（由比町）で戦った薩埵山の合戦。

［戦国時代］

戦国時代に入り今川氏の勢力が衰微すると、甲斐国の武田氏と相模国の北条氏、三河国の徳川氏が大軍を率いてしばしば駿河、遠江国に進攻し、それに随従する土豪、地侍までもが命運を賭けて戦った抗争時代である。県内は全域に亘って戦場化した。

一二、天文一四年（一五四五）八月、伊豆国をも領していた相模国の北条氏康軍は駿河国に進入し、今川義元軍と戦う。永禄末期には富士川以東の河東地域は北条氏の勢力下になった。

一三、永禄一二年（一五六九）一二月、甲斐国の武田信玄は駿府（静岡市）に攻め入り駿河国を占拠する。今川氏真は懸川城（掛川市）に逃れ、この後、武田氏は江尻城（清水市）を築き穴山信君（梅雪）が城主となる。今川旧臣の多くが武田氏に服属し、武田家臣が駿河国に多く来住する。遠江国では徳川家康が三河武士団を率いて引馬城（浜松市）に入り、遠江国全地域を支配する。

一四、元亀三年（一五七二）一〇月、武田信玄は大軍を率いて甲斐国から信濃国を経て遠江国に進攻し、犬居城（春野町）に至り、二俣城（天竜市）を攻略し、三方原（浜松市）に侵攻し、同年一二月、三方原で徳川家康軍と戦って大勝した。世に言う「三方原の合戦である。

一五、武田軍と徳川軍が天正二年（一五七四）と天正九年に攻守ところを変えて戦った高天神城（大東町）の攻防戦。

天正二年は、元今川家臣で徳川家康に服属した小笠原長忠が守る高天神城を、甲斐国の武田勝頼軍が攻略して遂に開城させた。天正九年は、武田氏に従属した今川旧臣で城将岡部長教が守る高天神城を徳川軍が攻撃し落城させた。

一六、天正七年（一五七九）の四月と一〇月、甲斐国から江尻（清水市）に侵攻してきた武田勝頼軍と徳川家康軍とが対陣。同年一〇月、駿河国東部に侵攻してきた武田勝頼軍と、伊豆、相模国を領する北条氏政軍が黄瀬川（沼津市）を挟んでの対陣。

一七、天正一八年（一五九〇）豊臣秀吉軍が相模国の北条氏を滅亡させた小田原の役の時の山中城（三島市）と韮山城（韮山町）の攻防戦。

3　史書に出ている名字

明治期以前の先祖の名字は、史書や伝来の古文書、菩提寺に残る過去帳、墓石などにより調べる事になるが、一般庶民の家系を遡及して先祖の名字を確認する事は難しい。

静岡県内の数多い名字の歴史を探求する場合に欠かせないのは、数多くの名字が登載されている静岡県ゆかりの歴史書の調査である。この項では、戦国時代の「今川家臣・北条家臣」と徳川、武田家臣の「高天神城士」の名字を挙げる事とする。

戦国時代は今川、北条、武田、徳川氏のいずれかの支配下にあったが、永禄一二年（一五六九）の今川氏の衰亡、天正一〇年（一五八二）の武田氏の滅亡、天正一八年（一五九〇）の北条氏の没落により、永い間、静岡県内を支配したすべての戦国大名が没落した。

今川、武田、北条氏の旧臣の中では、徳川家康に臣従し子孫は旗本となって県内の故地を知行地として得た者や県外地に赴任した者もあるが、武士を捨てて帰農し子孫はその地に代々定住した者も多くある。中には徳川氏に従属するのを嫌って、関ケ原の戦いで西軍に参戦して敗れた者や、豊臣方に参陣して大坂の陣で徳川軍と戦って敗れ、再び県内の所縁地に帰住した者もあり、それらの子孫は農民や町民となったという伝承が県内の各地に残っている。当時の庶民には移出入した者もあったが、農民の殆どは生きる為の土地を離れずに代々その地に永住したと考えられる。

静岡県でみると、慶長四年（一五九九）農民の移住が禁止されてからは、藩主の転封に随従して県外に移住した藩士や商人、職人などを除くと、源平争乱期、南北両朝抗争期、戦国期に見られるような集団移動、大量移住は少なくなったので、主家の滅亡後、居住地やその付近地に永住した者が多いという今川、北条氏の旧臣と武田氏の遺臣が住み着いたという頃が、人の定住、名字の定着の起点になっていると推測することができる。

次に、定住したという伝承が多く残り、現存の名字分布の基礎ともなっている今川家臣、北條家臣、高天神小笠原衆の名字の順で、史書に登載されている名字を列挙する。

【今川旧臣の名字】

今川氏は南北朝時代から戦国時代まで静岡県に最も関係深い守護大名、戦国大名であった。永禄初期に書写したといわれる「増善寺所蔵、今川系図諸臣分限記」にある名字に、「駿河志料」の「桶狭間戦の今川軍殉死者」（○印）と「武徳編年集成」の「永禄一三年の花澤城守備の今川家臣の将」（◎印）と「天正九年高天神攻めの時の徳川方今川旧臣」（☆印）に出ている名字を補足した。

「今川系図諸臣分限記」に記載される家臣数は三一二名であるが、県内に現存する名字ランキング上位の名字の大部分はこの中に含まれている。また、県内の地名に符号する名字も多くあり、この時代には県内の地を名字地とする者が多かったことを示している。

阿部、安倍、安間、相澤、藍原、青木、青島、秋田、秋山、朝倉、朝比奈、浅井、浅田、浅原、浅利、熱田、荒井、荒川、荒木、荒波、○◎井伊、井上、◎井桁、井川、伊井、伊久美、○伊豆、伊勢、伊藤、庵原、○庵原、五十嵐、飯尾、○飯尾、池端、池谷、石上、○石川、石河、石橋、石田、石原、板垣、板倉、市河、稲葉、今井、今村、入野、岩崎、岩本、宇佐美、宇津谷、鵜殿、臼井、内海、海野、梅津、○江尻、江間、遠藤、小笠原、小川、小倉、小野、小野田、小畑、◎小原、置塩、大井、大石、大久保、大澤、大谷、大村、大森、岡部、○岡部、岡村、岡本、奥津、落合、加藤、加納、狩野、可久輪、風間、梶田、梶原、上総、片岡、片桐、勝山、葛山、○葛山、○金井、金子、蒲、蒲原、○蒲原、神尾、亀井、河村、官原、神戸、木下、久野、○久能、熊谷、倉澤、倉見、栗原、小池、小杉、小嶋、小林、小山、近藤、佐藤、佐野、三枝、相良、斎藤、○斎藤、西藤、坂倉、櫻井、眞田、○澤田、○四宮、志田、柴崎、柴田、嶋田、○嶋田、杉浦、杉田、杉田、杉本、杉山、鈴木、駿河、瀬奈、関口、○関口、曽根、多々良、田中、田名瀬、田村、大道寺、高橋、◎滝、竹内、竹田、竹永、千葉、秩父、☆近松、津田、堤、寺田、土岐、東野、泊井、富塚、○富塚、富永、○富永、富山、豊田、☆名郷、内藤、中尾、中川、中島、中嶋、中山、長尾、○長瀬、長沼、永井、○二和田、新野、西野、蜷川、○温井、沼津、根津、野澤、野本、乗原、長谷川、萩原、橋本、畑、八田、蜂谷、蜂家、花澤、早川、原、◎原、原田、孕石、比企、土片、

○平川、平賀、平口、平松、平山、○平山、広瀬、布施、福島、○福平、藤井、藤枝、○藤枝、藤波、逸見、堀内、堀越、本田、本間、前川、前嶋、牧野、正木、増田、松井、○松井、松浦、松尾、☆松尾、松下、松波、松村、松本、丸子、萬年、三浦、○◎三浦、三上、三好、三輪、水野、南、宮川、宮城、宮澤、宮下、宮部、武藤、牟禮、○牟禮、村上、望月、森、☆森川、矢部、安井、安田、山内、山川、山口、山崎、山梨、山田、○山田、山名、山本、由井、☆油井、○由比、由良、横山、吉川、吉田、○吉田、吉原、吉見、若月、鷲巣、渡辺

【北條家臣の名字】

伊豆国と駿東地域は、延徳三年（一四九一）伊勢新九郎長氏（後の北條早雲）が伊豆国に進出してから天正一八年（一五九〇）に豊臣秀吉により滅亡するまでの約一〇〇年間北條氏の支配下にあった。特に今川氏が衰亡した永禄一二年（一五六九）以降は富士川東岸の河東地域まで北條氏の勢力が拡張したので、北条家臣の名字はこの地域に現存する名字と密接な関係がある。

始祖の伊勢新九郎は伊豆国に進入する前は今川氏の客臣で、当時は興国寺城（沼津市）の城主であったが、股肱の臣は少なく家臣団と言えるものがあったか疑問である。

北條氏の家臣団を見ると、大部分は伊豆国に侵入してから臣従した伊豆国や相模国の武士や地侍であり、その内容は北條氏の入国以前から伊豆国や相模国に居住して室町幕府の伊豆

国守護職に従属していた在地土豪や地侍である。

従って、北條氏の滅亡後も他所には逃避せずに代々住んでいたその地にそのまま永住したと推測され、甲斐武田氏の滅亡時の状況とは大きな相違がある。

永禄一二年（一五六九）頃作成されたという「小田原衆所領役帳」に記載される北條家臣で伊豆国に関連する家臣の名字を列挙するが、それら名字の殆どが伊豆地方や県東部地域に現存する名字と同じである。この事実からしても北條氏滅亡時の伊豆国や駿東地域の北條家臣の多くはそのままの地に定住し、子孫が永住したという事を裏付けている。

「小田原衆所領役帳」所載の家臣の中で、伊豆国に所領地があった家臣の名字

＊印は当時、伊豆国内に所領地を持っていなかった家臣の名字。

朝倉、朝比奈、天野、伊東、池田、＊石川、石巻、磯、板部岡、今井、＊岩本、梅原、江川、江間、＊海老名、小山田、大川、大草、＊大谷、岡崎、岡田、岡本、岡山、＊長田、加藤、狩野、鍛冶、蔭山、笠原、勝部、＊葛山、上村、神田、菊地、久保、黒沼、＊桑原、倉地、小針、後藤、左近士、＊佐々木、佐藤、佐野、斎藤、相良、清水、諏訪部、須藤、杉山、鈴木、仙波、田中、多米、大道寺、高井、高橋、＊滝川、秩父、＊戸田、＊遠山、富永、奈良、中村、成瀬、南條、仁杉、西川、西嶋、西原、蜷川、肥多、布施、藤崎、北條、増田、松下、松田、三宅、＊宮川、村田、矢野、矢部、山角、山中、山本、＊横井、＊横地、吉田、

吉原、渡辺、渡部

【高天神城士の名字】

天正二年（一五七四）と天正九年（一五八一）に武田軍と徳川軍が戦った高天神城（大東町）の攻防戦に見える両軍の将士の名字は、東遠地方の名字の定着を考察する上で意味がある。高天神城は東遠地方の支配権を掌握する上で戦国時代は重要な拠点となる城であった。今川氏の衰亡後、遠江、駿河国の支配を画策していた甲斐国の武田氏と三河国の徳川氏は、遠江国の支配権をかけて永年に亘り高天神城を奪取するための攻防戦を繰り返した。天正二年五月（一五七四）、甲斐国の武田勝頼は二万五千の大軍を率いて東遠地方に侵攻し、徳川方に属した小笠原長忠の拠る高天神城を包囲した。籠城を続けた城内では糧食が尽き、徳川、織田軍の来援を待ち望んだが、援軍はついに到来せず、武田軍の勧告を容れて已むなく開城し城は武田軍に占拠された。

開城の際は、敵方の武田氏に従属する者と、徳川氏に帰属する者と、武田、徳川のどちらにも付かず浪人となる者、武士を捨てて城の周辺地に帰農する者に分かれたという。

城主小笠原長忠や渡辺金太夫、中山是非之助らは武田氏に服属し、城主長忠を除く小笠原一族らと共に徳川氏に帰属した者の殆どは、共に籠城して戦い後に横須賀城（大須賀町）の城主になった大須賀康高に属し横須賀衆と呼ばれた。小笠原一族の他にも同族が敵味方に分かれた一族もあったという。

城主小笠原氏の系統は清和源氏流で、甲斐国（山梨県）中巨摩郡小笠原村を名字地とし、始祖は鎌倉時代に信濃国（長野県）守護職であった小笠原信濃守長清であり、累代、信濃国を本拠として繁栄した氏族である。長清の後裔の小笠原貞朝の嫡男信濃守長高は、事由あって信濃国の深志城を去って遠江国の馬伏塚城（浅羽町）に移住し、その子左京進春儀は今川氏の命を受けて高天神城主の福島氏を討って高天神城主となった。

春儀の子氏清（氏興）は今川氏の衰亡後、徳川家康に伝属し、その子与八郎長忠（氏儀）が天正二年の高天神城攻防戦の時の城主であった。籠城した小笠原衆の将士は、小笠原一族と信濃国から小笠原氏に随従して来た譜代の家臣と、周辺地を領していた今川旧臣と徳川氏が派遣した三河国出身者で構成されていた。

高天神城は天正二年の後、武田氏の持城となるが、武田氏が長篠の戦い（一五七五）で敗退した後、諏訪原城（金谷町）、二俣城（天竜市）が徳川軍に奪取され、横須賀城（大須賀町）が対抗して築城されると、高天神城の包囲網は縮められた。

攻撃方の徳川軍の主力は横須賀城主大須賀康高に属する横須賀衆であるが、その中には天正二年の武田軍との攻防戦の時籠城した小笠原衆だった者も多く入っていた。

天正九年（一五八一）三月になると、長年月の籠城で食糧が欠乏した武田方城兵は一斉に城を打って出て徳川軍と激戦し、城将岡部真幸以下殆どが討死しついに落城した。この攻防戦で敗れた武田方籠城の将士には駿遠出身の今川旧臣が多くいて、落城後、旧知の地や城下に遁れ、その地で帰農した者も数多かったと伝えられる。

天正二年と天正九年の攻防戦は攻守ところを変えた戦いでもあったが、落城後、城の周辺地に土着する落武者が多くあったということは共通していて、城の周辺地や近傍地に城兵であった今川旧臣や武田家臣、徳川属臣に見られる名字が数多く現存するのは、天正二年の徳川方小笠原氏の開城と天正九年の武田方の落城の際に、伝承の通り土着して帰農した城兵が多かったことを物語っている。

遠江国を制覇するためには戦略上、高天神城を手中に入れなければならないという当時の状況が、取ったり取られたりの戦いを繰り返したわけであるが、勝側と負側が相互に一族や旧知の者が居たため落武者狩りが厳しくなかったので、落城の歴史にはあまり例の無い城下や周辺地への土着ができたのかも知れない。

先ず「群書類従」の「高天神小笠原系図」に記載されている「天正二年高天神城に籠城した小笠原衆」と「高天神籠城の大須賀五郎左衛門衆（後の横須賀衆）」の将士の名字を次に列挙する。

今、同じ名字を名乗る人のすべてが天正期の高天神城攻防戦に参戦した将士の末裔とは特定できないが、これら名字の大部分が高天神城趾のある東遠地域や隣接する西駿地域に分布しているのは偶然ではあるまい。

☆小笠原衆の名字

朝比奈、渥美、安西、池田、小笠原、大石、海福、久島、蔵地、小島、曽根、佐津川、鷺坂、鮫島、杉浦、伊達、瀧、戸塚、中山、幡鎌、林、福岡、牧、三井、宮地、武藤、門奈、横井、吉原、渡辺

☆横須賀衆の名字

愛宕、渥美、矢野、井上、伊笹、尾崎、大須賀、大原、大村、宇津野、海老江、筧、金澤、川上、神田、神野、木村、久世、黒柳、近藤、坂部、鷺坂、清水、柴多、菅沼、鈴木、高塚、竹多、飛田、中根、浪切、成世、丹羽、羽太、橋山、花井、林、原田、兵藤、牧野、増田、松井、松下、丸山、三倉、村井、村松、門奈、吉田、鷲山、渡辺

「高天神城の跡を尋ねて」（昭和五九年刊）には高天神攻防戦に関係のある将士の名字を七四姓挙げ、これら諸士の流れを汲むと伝えられている末孫が多いと記している。

その七四姓の中には前記の「小笠原衆」「横須賀衆」に出ていない名字がある。出ていないその名字と、他の史料に見える名字とを加えて次に列記する。一～二姓を除けば県内に現存する名字と同じ名字であり、又、県内にある地名と同じ名字も多く含まれている。

阿形、相木、青木、赤堀、秋野、縣、浅井、伊東、伊藤、石野、市川、犬塚、植田、江馬、小柳津、岡部、岡本、恩田、柏谷、神谷、川田、漢人、金原、久野、栗田、榑林、紅林、黒田、斎藤、西郷、匂坂、櫻井、芝田、杉浦、田中、高岡、武田、戸山、長坂、長田、野ケ山、孕石、平口、福島、堀田、本間、丸尾、水野、村上、村越、村田、森、山内、山下、山本、横田、吉引

4 落武者伝説の名字

静岡県内の東西南北に通じる主要街道は、源平争乱時代や南北朝時代、戦国時代を通じて戦場への道となり、また、街道付近の多くの地が戦場となった。

こうした戦場に通じる街道から入った山間僻地には、共通して敗戦した「落武者伝説」が語り継がれている。

戦いには必ず勝者と敗者が出る。戦いに敗れた敗軍側の将士は、退路を断たれると落ち延びることはできず、加えて、戦いの後には必ず残党狩りや落武者狩りがある。

落武者狩りは勝側の将兵が行うだけでなく、戦場周辺地の土豪や住民までが恩賞や着用武具、所持品の略奪を目的として参加する。強者に靡くのは世の常であるが、やがてその地が勝者の支配を受けることから考えると、残酷ではあるが勝者側に加担することは、自己の所

領地を守り続けて生き延びるための手段でもあった。

敗戦の落武者が、こうした探索や追及の眼を潜って安住の地域に逃げることは至難なことであったに違いない。戦場地となった地域の周辺には必ずといってよい程、手傷を負った敗軍の将士が戦い終わって逃げ落ちる途中で、敵兵や付近の地侍、住民の手に掛かって討たれたという悲劇の伝承や史実が伝えられている。

★源平合戦、富士川の戦の平家の落武者

治承四年（一一八〇）八月、平治の乱（一一五九）に敗れて流寓していた源頼朝が伊豆国蛭ケ小島（韮山町）で兵を挙げた。平家専横に不満を抱いていた地方の豪族が多かったので、伊豆国の有力土豪である伊東庄（伊東市）の藤原氏流工藤氏、狩野庄（天城湯ケ島町）の藤原氏流狩野氏、北条庄（韮山町）の桓武平氏流の北條氏や近隣の地侍は源頼朝が挙兵するや、いち早くその旗下となった。

緒戦の判官平兼隆の山木館の襲撃は成功したが石橋山では平家方の相模国（神奈川県）の諸豪族軍に敗れ、頼朝は命からがら相模国から海を渡って房総（千葉県）に遁れた。そこで相模国（神奈川県）の大豪族三浦氏や安房国（千葉県）の千葉氏、武蔵国（東京都、埼玉県）の足立氏、熊谷氏など坂東武者と呼ばれる勇猛な関東の諸豪族を味方につけて治承四年（一一八〇）鎌倉に入った。

期を同じくして、木曾（長野県）にいた従弟の源（木曾）義仲が信濃国で挙兵し、倶利加羅峠で平家軍を破った。同族の甲斐国の武田、安田氏一族も呼応して駿河国に進軍し、北進してきた平家方の駿河目代橘氏や長田氏の軍勢と富士山麓（富士宮市）で戦い大勝し、同年（一一八〇）十月、平維盛を大将とする平家の大軍と富士川を挟んで対陣していた鎌倉方の源氏軍に加わった。

この時、甲斐源氏軍は夜陰に乗じて西岸の平家軍に奇襲をかけようとしたところ、富士川の川面に眠っていた水鳥の群が驚いて一斉に飛び立つ音を、平家軍は夜襲と勘違いし戦わずしてあわてて敗走したと伝えられる。世にいう「富士川の合戦」の一こまである。

この合戦で逃げ遅れたり戦いを嫌って離脱した平家軍の将兵が、退路を断たれて富士川や大井川の上流の山間僻地に隠れ住んだといい、この地域には平家の落人伝承が多く残っている。

平家の落人伝説は各地にあるがその殆どは遠い昔の源平時代の落人ではなく、実際は群雄が割拠して戦った戦国乱世の時代の落人と言われている。しかし富士川上流から大井川上流の山間地に伝えられる平家方の落武者が隠棲したという伝承は歴史的に見てうなずけるような平家の落人伝承である。

富士郡芝川町稲子には、これを裏付けるように「平家窪」「じがい（自害）沢」「矢沢」などの地名があり、また、敗れた平家軍の大将平維盛が家臣の佐野頼母を伴って上稲子（芝川町）に落ち延びて来たという伝説や維盛の墓と称する墓石が西ケ谷戸にある。

因みに、富士川の合戦は平家の大軍が一夜の内に総崩れして敗走し、大将の平維盛が京都に辿り着いた時は僅か十余騎であったと表現されている状況から推測すると、落武者や戦場離脱者は厖大な人数であったに違いない。「平家物語」「源平盛衰記」などで富士川の合戦を想像すると、この戦いは戦死者が少なく、平家軍の中で京都に逃げ帰った者が少ないということは、平家方将士の多くは京都まで帰る途中で落伍したか、離脱したことになり、何万人にも及ぶ平家軍落人が出たことになるので、戦場に近い山間地の落人伝説は信憑性が高いことになる。

これより四年後に源氏軍に追い詰められた平家一門は長門国（山口県）の壇の浦で滅亡し、源氏の世になった。敗れて逃げ延びた平家の落武者は平家の縁者という身分を隠したという伝承もあるので、これら落武者や離脱者の数は伝承よりも遥かに多くあったのかも知れない。

★駿東竹之下の戦の南朝方の落武者

元弘三年（一三三三）幕府執権職の北条氏が滅んで鎌倉幕府は滅亡し、翌年の建武元年、後醍醐天皇により「建武の中興」が行われたが、その翌年、足利尊氏が鎌倉に入って朝廷に反抗し、以後、南北両朝が合一する元中九年（明徳三年、一三九二）まで約六十年、南北両朝が併立し、諸国の豪族や武士団は南朝方と北朝方に分かれ争乱は全国規模に波及した。伊豆国、駿河国、遠江国の諸豪族も否応なくその渦中に巻き込まれ、南朝方と北朝方に分かれて長い間戦い、北朝方の総師足利氏と同族の北朝方今川氏が遠駿の南朝方勢力を平定するまで県内各地で戦乱は続いた。

建武二年（一三三五）十二月、朝廷に反した足利尊氏軍十八万騎、弟足利直義軍六万騎と尊良親王を大将とする新田義貞軍七万騎、弟脇屋義助軍七千余騎らの官軍が、駿東竹之下（小山町）から箱根に亘る地域で戦った、世にいう「竹之下の戦」である。

この戦いは最初は西から進軍した官軍方が有利であったが、味方の大友、佐々木勢が足利軍に寝返ったため戦況が反転して官軍方は大敗した。敗れた官軍新田勢は足利勢に追われるように退却し、天竜川の浮橋を渡る時は二万余の軍勢が十分の一も残っていなかったというから多くの戦死者と戦場離脱者が出たわけである。落武者となって近隣地に隠れ住んだ官軍方将士は想像以上に多かったとみる事ができる。

「太平記巻十四」はこの「竹之下合戦」をこう記している。「建武二年十月十一日、足利軍竹下へ到着し翌日新田軍と戦う。仁木、細川、高、上杉ら足利軍十八万余騎竹下に着き給へば、左馬頭足利直義六万余騎にて箱根峠に着き給う。京軍は尊良親王、脇屋義助、細谷右馬助、堤卿律師、大友貞載、佐々木高貞ら七千余騎が搦手にて竹下へ。箱根路へは新田義貞、千葉、宇都宮、大友氏泰、菊池肥後守武重、松浦党ら七万余騎大手にて向かう。義貞の兵の中に杉浦下総守、高田薩摩守義遠、藤田六郎左衛門、同三郎左衛門、同四郎左衛門、川波新左衛門、篠塚伊賀守、難波備前守、川越三河守、長浜六郎左衛門、高山遠江守、園田四郎左衛門、青木五郎左衛門、同七郎左衛門、山上六郎左衛門ら。（中略）竹下の官軍は大友、佐々木軍の寝返りで崩れ、二条中将為冬は討たれ三百騎所々に討死す。我先にと落行ける程に佐野原（引退いた地）にも留まり得ず、搦手の寄手三百余騎（初め七千余騎）は海路を西へ落行く。」と。

また、「太平記、官軍引退箱根の事」には、退却の時、新田義貞軍が天竜川の浮橋を渡るが「昨日まで二万余騎有りつる勢、十方へ落ち去りて十分の一もなかりけり」とある。「梅松論」は「太平記」を引用し、更に、退却して富士川を渡る時のことを「義貞、残勢僅かにして富士河を渡しけるとぞ聞こえし」と加筆している。

駿東地域には敗北した官軍将士が、官軍方戦死者の菩提を弔うために竹之下村（小山町）周辺の地に土着したという伝承や、北駿、東駿、北伊豆に遁れて土着し帰農したという伝説が語り継がれている。それら官軍方の敗残将士の子孫と伝えられる三島から東駿、北駿地域の家の名字は、この時代以前にはその地域に見当らなかった名字が多く、その中には、史書に見える官軍（南朝方）の将士と同じ新田、菊池、菊地、星屋、星谷、楠、名和、星、橋本、菊間、奥川など、官軍に属した武将の名字や官軍将士の出身地の地名から発祥した名字と同じ名字が多い。

★北條氏旧臣の定住

伊豆国は北條姓の発祥地の北条庄（韮山町）があるので、鎌倉幕府執権職を代々継承した鎌倉時代の前北條氏と、相模北條氏とも呼ばれ北條早雲を祖とする戦国時代の後北條氏との関わり合いが深い。

桓武平氏流の平貞盛の子維将を祖とする、前北條氏の先祖は、平聖範が阿多美郷（熱海市）に住んで阿多美四郎と称し、その孫の時家の時に北条庄（韮山町）に移り、その子時方が地名を名字として北條四郎太夫と号したのに始まり、その子時政は北條四郎と名乗り平治の乱に敗れ伊豆蛭ケ小島（韮山町）に配流されていた源頼朝を庇護し、治承四年（一一八〇）の挙兵の際には最大の支援者となり、その娘政子は頼朝の妻になっている。この子孫は、代々「北條」を名字とし、鎌倉幕府が崩壊する元弘三年（一三三三）まで幕府執権職を世襲して一族は鎌倉に移ったが、伊豆国には根強く続いた系統である。

後北條氏の祖伊勢新九郎長氏（後の北條早雲）は駿河国守護職の今川氏の客分であったが、延徳三年（一四九一）堀越公方と呼ばれた足利政知の子の足利茶々丸を堀越御所（韮山町）に急襲して滅亡させ伊豆一国を掌中に入れた後、大森氏の小田原城を奪取し、更に、三浦半島（神奈川県）の名門三浦氏を滅亡させて関東地方も掌握した。早雲は晩年は韮山城に住みこの地で歿しているが、北條氏は、小田原城を本拠とし、五代、約一〇〇年間繁栄した。

前北條氏に従属した伊豆国住人は、鎌倉幕府御家人となって伊豆国を離れた者もあるが、一族の多くは鎌倉幕府の滅亡後も父祖伝来の伊豆国に定住し、子孫は百五十年後に伊豆進出した伊勢新九郎長氏（後の北條早雲）の麾下になっている。

永禄期（一五五八〜七〇）の家臣が記載された「小田原衆所領役帳」に見える家臣の名字の中には、早雲の伊豆国進出以前から伊豆国に住んでいた一族の名字が多くあり、特に「伊豆衆二十一家」の名字は、鎌倉時代から伊豆国に土着していた豪族と地侍の名字や、室町時代に伊豆国に赴任し定住していた室町幕府の御家人の名字もある。

伊豆国や駿河国東部に住んでいた北條旧臣は、天正十八年（一五九〇）、豊臣秀吉軍の攻撃により後北條氏が滅亡した後、先祖代々の同じ土地に定住したという。これは、武田遺臣が落人となって故国を離れ伊豆国や駿河国に来住したのとは状況が全く違っている。

このことは名字分布から見ると、伊豆国発祥の名字や、北條早雲の伊豆入国以前から伊豆国にあった名字の多くが、現在まで継承されている事で裏付けられている。

そして、それらの名字の家に、後北條氏発生以前から伊豆国に住んでいたという口伝や、戦国時代の先祖は後北條家臣だったという伝承や、鎌倉時代から伊豆国に関わり合いがあったという家伝がある家もある。後北條氏の滅亡後、豊臣秀吉から北條氏の旧領だった関東地方を宛てがわれた徳川家康は、優秀な武田遺臣を積極的に家臣に繰り入れたり、旧知の韮山城主北條氏規を後に大名に取り立てたり、伊豆国を幕府の直轄地にしたことなどを考え合わせると、家康は武田遺臣や北條旧臣に対して極めて寛大であった。そのため、北條旧臣の多くは、北條氏滅亡後も、旧来からの居住地にそのまま定住して同じ名字を称することができ、その名字は現在まで連綿と継承されてきたと言える。

小田原北條氏家臣の中で伊豆地方に関係の深い「伊豆衆」の名字を「小田原衆所領役帳」や「北条記」より選び出す。

「伊豆衆二十一家」というが「役帳」はそれより多く書かれている。

伊東、池田、梅原、江川、大谷、上村、加藤、笠原、倉地、小針、佐藤、相良、清水、多米、高橋、秩父、成瀬、仁杉、西川、西島、西原、肥田、藤崎、三宅、村田、矢野、吉原、山中、渡辺、渡部

伊豆地方には「小田原衆所領役帳」に記載された北条家臣と同姓の名字が、符号したように当時の所領地付近に多く分布している。

★武田方落武者と武田遺臣の来住

元亀三年（一五七二）の三方原の戦いが終わり翌年四月、甲斐国の雄武田信玄が病死した。

その後継者の勝頼は父信玄の隣国制覇の遺志を継いで遠江国を侵攻し、天正三年（一五七五）五月、織田信長と徳川家康の連合軍と長篠で戦って大敗した。世に言う「長篠の役」である。この戦で武田方は信玄以来の譜代重臣を多く失い急速に勢力が減退し、天正十年（一五八二）三月、甲斐国に侵入してきた織田信長軍に攻められ、勝頼は天目山で自刃し、新羅三郎源義光以来の名家武田家は滅亡した。

山国の甲斐国に本拠を置いた武田氏は海に面した遠江、駿河、伊豆国に関心を持ち度々侵攻し、今川氏が衰亡した永禄十二年（一五六九）以後は東遠地域では高天神城（大東町）を攻め、今川氏持であった城を占拠して東遠一帯を制圧した。駿河国は一族の穴山信君を江尻城（清水市）城主とし、清水湊には武田水軍の基地を設けた。

この頃、西駿や北駿、東駿に住んでいた今川旧臣を始め、それまで今川氏に臣族していた駿河国の土豪、地侍は武田氏に従属した。武田氏の滅亡後、清水湊の武田水軍や江尻城を守って武田氏に従属した今川旧臣や武田家譜代の遺臣の多くは、徳川氏に転属しているが、武田氏滅亡直後、駿河国にいた武田遺臣や今川旧臣の中にはそのまま居住地付近に隠住した者もある。又、故国を遁れ甲斐国から異国の遠江、駿河、伊豆国の各地に落人となって移住した武田遺臣も多くある。

武田軍団は甲斐国と信濃国の出身者で構成されていたので、武田氏に縁が深かった地域には甲斐国や信濃国の地名と同じ名字が多くあり、明らかに甲斐国、信濃国の発祥と伝えられる名字や、先祖が武田遺臣であったという伝承を持つ家が多くある。

伊豆国は武田氏の全盛時代においても領国であったことはなく、武田家臣の中に伊豆国出身者もいないので、落人となって来住した人達は伊豆国に住んでいる縁故の人を頼って落ちて来たに違いない。まして、当時の伊豆国は北條氏発祥の地で、北伊豆韮山（韮山町）に伊豆国一帯を支配していた韮山城があり、将に北條氏の膝元であったが、伊豆国には武田遺臣が来住したという落武者伝承が数多くあり、それを裏付けるように、甲斐国に縁深い名字が広く分布している。

武田氏滅亡直後の織田信長の残党狩りは厳しく、武田遺臣は生命の危険を感じて甲斐国を離脱することが先決であったのかも知れない。この当時の状況を記録した「甲乱記」の「武田之一族並びに家僕之面々生害之事」の一部を引用する。

「天正十年（一五八二）武田勝頼が天目山で自刃し武田氏が滅亡した後、織田軍の残党狩りにより捕らえられた武田氏一族や武田旧臣が次々に討たれた事」の記述の後に、

「この外武田氏族並びに近習の衆、生きたる甲斐はなけれども、たまたま命を助かる侍も身命を保つの難しさに、あるいは心趣かず発心して濃黒染めに身をやつし、一鉢を手に持って行脚に出る人もあり、あるいは商人の姿に身を替えて連雀を肩に掛け荷懸駄に鞭を打って

行く人もあり、様々に姿をやつし様を替え古郷を離れる。妻子を捨て逆旅に赴く有様は浮雲の富貴忽に蟻穴の夢と醒めにけり。これ等はせめて慰め方も有りなまし。物の哀れを留めしは捨て置かれた妻子、男に別れたる後室、子に後れたる老母の事、申すも愚なり。」（中略）「百年の栄耀は風前の塵、一年の発心は命後の宝なれば何を是とし、何を非とせん。万事人間一夢の中なれば是も亦可ならんか、それ亦可ならんか。」とあり、戦いに敗れた後の有様や残った妻子の悲惨な状況が克明に記されている。

伊豆国に落ちて来た武田遺臣の住んだ地は名字分布や伝承から見ると、伊豆半島一帯に及ぶ広い地域である。その中には武田氏の滅亡以前に移住してきたらしいという伝承や、滅亡の何年後に来住したらしいという伝承など、移住の時期が特定できない伝承も多くある。また、武田氏滅亡後一時何処かに隠れ住み、何年か経過してから伊豆国に来住したとか、伊豆国内で移動したと推定される伝承もある。

当時の伊豆半島は交通不便な山間僻地で、甲斐国から妻子を連れ一族と共に落ちて来たとすれば、定住するまでの伊豆国での生活は困難を極めた事と想像に難くない。しかし、武田遺臣の伝承が残る家はその地で名主などの村役人を勤めた旧家になっている事を考えると、才能や武力だけでなく人望や資力が影響していたと推測することができる。

★信濃国からの諸将士の来住

遠江国に北接する信濃国（長野県）では、天文十一年（一五四二）七月、諏訪氏が甲斐国の武田信玄に攻められて滅亡し、小笠原長時は天文十七年（一五四八）塩尻峠（長野県）で武田信玄と戦って敗れたから圧力を掛けられ、天文二十二年（一五五三）一月、越後国（新潟県）の長尾景虎（上杉謙信）を頼った。同年八月、村上義清も長尾景虎を頼り、景虎はこれを助けて川中島に武田信玄と戦った。最初の川中島の戦いである。

諏訪、小笠原、村上の三氏は平安時代から信濃国で栄えた名族であり、当時の信濃国の土豪や地侍の殆どはこの三氏に従属していたので、それぞれ多くの家臣を擁していた。

静岡県内に江戸時代初期から信濃国発祥の名字が多く分布していたということを根拠とすれば、武田氏の武圧により勢力が縮減していく過程で、今川家臣で高天神城主となった小笠原氏のように信濃国の領主の一族郎党の中に落人に似た経緯をもって静岡県内に移住した者が多くあったと推考できる。

★高天神城士の落武者

今川氏が衰亡した永禄十二年（一五六九）前後、今川家臣は武士を捨てて帰農した者以外は甲斐国の武田氏や相模国の北條氏、三河国の徳川氏に転属した。

遠江国の高天神城（大東町）城主小笠原与八郎長忠は徳川家康に従属し、元亀元年（一五七〇）の姉川の合戦では先陣をつとめ、小笠原衆の渡辺金太夫照、門名左近右衛門俊武、吉原又兵衛宗春、中山是非之助、林平六、伏木久内ら七人は武功を挙げて「姉川の七本槍」と呼ばれた。

今川氏真が駿府を捨てて逃げ去った後の元亀二年（一五七一）甲斐国の武田信玄は大軍を率いて遠江国に進入し、高天神城を攻撃したが城兵の善戦で落城させることができず、信濃国伊奈を経て甲斐国に帰った。この時の高天神城の防備は、本丸大将が城主小笠原長忠、介添役は渥美源五郎、三の丸の将は小笠原与左衛門清有と丹羽源左衛門、西の丸の将は本間八郎三郎氏清、丸尾修理亮義清、前郭の将は斎藤宗林、小笠原河内守、搦手の将は渡辺金太夫照、小笠原長左衛門、林平六、大手池の段の将は小笠原右京進氏義、赤堀大学正信、帯郭の将は吉原又兵衛、遊軍の将は伊達与兵衛定鎮、中山是非之助という。

三年後の天正二年（一五七四）五月、甲斐国の武田勝頼は大軍を率いて東遠に侵攻し、再び高天神城を包囲した。城内では徳川軍の来援を待ったが遂に援軍は来なかったので、武田軍の降伏勧告を容れて開城した。開城の際は、共に戦った城兵が、敵方の武田氏に従属する者と、徳川氏に帰属する者と、主君に仕えず浪人になる者、武士をやめて帰農する者に分かれた。城主小笠原長忠や渡辺金太夫照、中山是非之助、鮫島加賀らは武田氏に服属し甲斐国に移住した。

この時、徳川方に帰属した者は、城主長忠を除く小笠原一族や大須賀康高に属して後に横須賀衆と呼ばれ東遠の大須賀町、大東町などに居住した者達であり、彼等は江戸時代には横須賀藩（大須賀町）や紀伊徳川藩に仕えている。

高天神城の小笠原衆は、名字から見ると、小笠原一族の他、信濃国から随従してきたと思える信濃国出身の譜代家臣と、周辺地を領知していた今川旧臣と、徳川氏が派遣していたと考えられる三河国出身者で構成されていたようである。この地の周辺には、天正二年の開城後に土着し、武士を捨てて帰農したという伝承が多く残り、それを裏付けるように、周辺一帯には高天神城士と同じ名字が多く現存する。

天正六年（一五七八）、徳川家康は武田方の高天神城を奪取するため、横須賀城を築き周囲の城をも固めて高天神城を包囲した。この時の徳川軍の主力は、横須賀衆と呼ばれた横須賀城主大須賀康高の麾下であるが、その中には渥美源五郎を始め天正二年の籠城の時の小笠原衆が多く入っていた。一方、武田方の城内には、元今川家臣で勇名高い城将岡部丹波守真幸、軍監横田尹松、武者奉行孕石主水や江馬右馬允、大河内伝左衛門らが居た。

天正九年（一五八一）三月、糧食が欠乏した城兵は包囲する徳川軍に討って出、城将岡部真幸をはじめとして殆どが討死したと伝えられる。

この攻防戦で敗れた武田方の城士には、城将岡部真幸をはじめとし今川旧臣で駿遠の出身者も多くいたという。落城後、数少ないと言われる生存者の中には、故国の甲斐国に逃れた者もあるが、落城を機に旧知の地や城の周辺地に逃れ、その土地で帰農した者も数多くあったと伝えられている。

高天神城の周辺地に、今川家臣の名字や甲斐国、信濃国に縁深い武田家臣の名字が現存しているのは、高天神城の攻防戦に関係が深いと言われている。名字の視点から見ると、駿遠の今川旧臣の名字と、甲信の武田家臣の名字と、三河の徳川家臣の名字とが入り混じった戦いであるから、伝承の通り敵も味方も、勝側も負側も周辺地に住み着き共存して繁延したと推考する事ができる。

天正九年の攻防戦でみると、戦乱の世とはいえ、籠城側の武田方の将士の中に七年前には徳川方小笠原衆として籠城した者もあり、攻撃側の徳川方の主力が七年前には小笠原衆として共に籠城した将士であったということは、籠城側の武田軍と攻撃側の徳川軍の将士には、相互に一族や旧知の者が居たと推測され、この為落武者狩りが厳しくなかったので当時の落城の際にはあまり例の無い、城下や周辺地への土着ができたのかも知れない。

「群書系図部集の高天神小笠原系図」の［高天神城に籠城した小笠原衆の名字」、［大須賀五郎左衛門殿衆　高天神城に籠もる者」の名字「高天神城の跡を尋ねて」に掲載される名字は、「二―3史書に出ている名字」の中の「高天神城士の名字」を参照されたい。

5　県内から発祥した名字のその後

静岡県内の地名に因んで発祥した名字は四〇〇姓近くあると推考するが、その中で系統が明確で、広くかつ数多く繁延した藤原氏の南家流と北家流、桓武平氏流、大宅氏流の名字と、戦国期の今川氏流のその後を見てみる事とする。

★静岡県全域に拡繁した藤原南家為憲流

静岡県内で子孫が最も繁延し地名に因んだ名字を多く発生した系統は、藤原南家武智麻呂の系統の藤原為憲の後裔である。為憲は天慶の乱（九四〇）で征東将軍藤原忠文に従軍し平将門を討伐した勲功により遠江守に任ぜられ、子孫は鎌倉時代を全盛期にして県内全域に拡繁し、それぞれその居住地の地名を名字とした。（「一―2県内発祥の名字の系図」を参照）

この系流は「尊卑分脈」や「群書類従」によると、始祖の藤原為憲が木工頭に因んで木工頭の「工」と藤原の「藤」をとって「工藤」と称し、静岡県内の藤原南家流名字の源流となった。鎌倉初期はすでに分流していて、為憲の子時理の子時金は「遠江工藤祖」、時理の子維景の子維職は伊豆国押領使となって「伊豆工藤祖」、その弟（子か）維重は「駿河工藤祖」と呼称される程、県下全域に拡繁した。

駿河国では入江庄（清水市）、遠江国では原之庄（袋井市）や相良庄（相良町）、伊豆国では伊東庄（伊東市）や狩野庄（天城湯ケ島町）を本拠としてその近隣地に繁延し、居住地や所領地の地名の入江、岡部、興津、蒲原、船越、吉川、三澤、相良、久野、狩野、伊東、宇佐美、天野などや、由縁の工藤、二階堂を名乗り、数多くの名字が派生した。これら一族は源頼朝の挙兵に協力し、武功により鎌倉幕府創立後、各地の守護職、地頭職に任じられた。

【工藤】

伊豆工藤氏の本流の工藤氏は、鎌倉時代初期に陸奥国（青森県）津軽郡の地頭になり、一族の多くが赴任地に移住した。現在、工藤姓は発祥地には殆ど無く、沼津市の一角にあるだけだが、青森県では最も多い名字である。

工藤祐経の子祐長は延応年間（一二三九〜四〇）に伊勢国（三重県）安濃郡長野村の地頭となり、子孫は伊勢国に永住し後に長野氏を称した。「工藤系図」によると、維景の孫維純は「四国工藤祖」となり、また「駿河工藤祖」となった維重の子孫に伊勢国の伊東氏、長野氏がある。

【伊東】

「伊豆工藤祖」という伊豆国押領使藤原維職を祖とし、平安時代後期、伊東庄（伊東市）の地名から発祥した。治承四年（一一八〇）の源頼朝の挙兵の際は、維職五代孫の伊東祐親は平家方に属したが、鎌倉幕府創立後、一族の工藤祐経の子祐時は伊東を称して幕府御家人となり、建久九年（一一九八）九州日向国（宮崎県）の地頭に補せられ、惣領家は赴任地に移住する。

本貫地の伊東に残留した族裔の伊東朝高は日蓮上人に帰依したことでも知られ、南北朝時代は南朝方の石塔氏に従って衰退したが、戦国時代は相模北條氏に属して先祖伝来の地を守り、小田原落城後は伝来の所領地を失うが、末裔は江戸幕臣として永続した。

日向国に移住した伊東祐時の子孫は、江戸時代には日向国飫肥藩主となり、一族の祐清の後裔は備中国（岡山県）岡田藩主として栄え、ともに幕末まで大名家として永続した。

【宇佐美】

伊東庄（伊東市）を本領とした工藤氏から分流した三郎祐茂が宇佐美庄（伊東市）に居住して名字としたのに始まる。一族は挙兵当初から源頼朝に味方し、幕府創立後、越後国（新潟県）の地頭となって移住した。子孫には戦国時代に上杉謙信の部将の宇佐美氏が出ている。

伊豆国の本領地に残った族裔は室町幕臣として本領地に永続した。延徳三年（一四九一）伊豆国に侵入した伊勢新九郎長氏（後の北條早雲）に抗したが、後に相模北條氏に仕えた。

県内の東部地域にはこの末裔と称する宇佐美姓の人達が現存するが、永い歴史がある割にしては県内に数が少なく、むしろ、惣領家が移住した新潟県の方が多いという。

【天野】

工藤氏流の入江権守景隆の子藤内景光が田方郡天野庄（伊豆長岡町）に居住して地名を名

字にした。その子、天野藤内遠景は源頼朝の挙兵に味方して武功を挙げ、幕府創立後、初代鎮西（九州）奉行などの要職に任ぜられて九州に移住したが、晩年は故里の天野庄に帰住したという。この子孫は県内の駿河、遠江の他、三河、尾張（愛知県）、甲斐（山梨県）、安芸（広島県）、能登（石川県）など、各地に移住して繁延している。

遠江国には遠景四代孫の経顕が鎌倉時代後期に地頭職となって山香庄（春野町）に移住し、鎌倉時代後期から室町時代後期まで北遠一帯の豪族となった。南北朝抗争期の子孫は犬居城主、秋葉城主、久頭郷城主（水窪町）となって南北朝時代を生き抜き、天正四年（一五七六）惣領職の犬居城主天野景貫が徳川家康に攻められて落城するまで一族は北遠地方を支配した。北遠地方から山梨県に亘る地域に現存する天野姓はその末裔であろう。

景貫は落城後、甲斐国に遁れ、武田氏滅亡後は相模北條氏に属したが、天正一八年、北條氏没落後、一族は同族が繁栄する安芸国（広島県）福山に移住したり、周智郡内の地で帰農したり、庵原郡内などに移住したと伝えられる。伊豆国に残った族裔は戦国時代は相模北條氏に仕え、北條氏滅亡後は志太郡内に移住した者もあるというが、発祥地の伊豆地方には天野姓は今は少ない。

応永（一三九四〜一四二八）の頃、三河国（愛知県）吉良庄に移住した天野玄蕃頭の後裔は愛知県内に拡繁し、徳川家康家臣にもこの系統の天野姓が見える。

【狩野】

狩野氏は為憲の孫維景が伊豆国狩野庄（天城湯ケ島町）に居住して狩野を称したに始まる。一族は伊豆一円に繁延し、伊勢新九郎長氏（北條早雲）が伊豆国に侵入する以前まで伊豆最大の豪族で、惣領家は代々、狩野介を称した。

源頼朝が治承四年（一一八〇）伊豆国韮山（韮山町）に挙兵した時、狩野介茂光は一族を率いて味方し石橋山合戦で討死し、その子親光が頼朝の家人として平家追討で転戦している留守中に、相模国の平家方大庭景親に本拠の狩野城を攻められ、留守を守る一族は全滅したが、子孫は狩野庄を本領として生き抜いた。

延徳三年（一四九一）伊勢新九郎長氏（後の北條早雲）が伊豆国を侵略した時、狩野城は攻略され、城主狩野道一は自殺し、二百数十年続いた本流の伊豆狩野氏は滅亡した。

伊豆国に生き残った狩野氏の分流は相模北條氏に仕え、天正一八年（一五九〇）の北條氏滅亡まで先祖伝来の狩野庄を領したが、伊豆地方に現存する狩野姓は極めて少ない。

駿河国に住んだ一族の狩野介貞長は、南北朝時代、同族の工藤入江一族の中核となって安倍城（静岡市）に拠り南朝に尽くしたが、北朝方今川氏により落城し駿河狩野氏の主流は絶えたという。日本画家狩野派の祖狩野景信は伊豆狩野氏の族裔で、画才を認められて京都に上り足利将軍義教に仕え、日本画狩野派の祖となった。

【岡部】

工藤氏流の入江権守藤原維清の子船越四郎太夫清房を祖とし、その子清綱（清経）が鎌倉時代初期に志太郡岡部郷（岡部町）を領して岡邊権守と称し、その子泰綱は岡部を称して朝日山城に住み源頼朝の挙兵の際は味方し、鎌倉幕府創立後は幕府御家人となる。

子孫は代々岡部郷に居住して鎌倉、南北朝時代を生き抜き、戦国時代は今川氏の重臣となり、今川氏の没落後は岡部一族の殆どは駿河国に侵攻した甲斐国の武田氏に属した。

駿河岡部氏一族は武名を挙げた者が数多くあり、桶狭間で戦死した主君今川義元の首級を、織田信長から貰い受けて帰国した勇将岡部五郎兵衛長教（丹波守真幸）は、後に武田氏に属して高天神城（大東町）の城将となり天正九年（一五八一）の徳川軍との戦いで討死した。もと今川水軍の将であった岡部貞綱は武田水軍の将となって武田信玄より土屋姓を賜った。貞綱の兄の正綱は武田持の江尻城（清水市）の守将となるが、武田氏滅亡後は徳川家康に仕え、その子内膳正長盛の子孫は和泉国（大阪府）岸和田藩主として幕末まで続いた。

【吉川】

工藤入江氏族の入江景兼の孫経義が鎌倉初期に入江庄吉河村（清水市）に居住して地名を名字とする。「吉川家譜」によれば「吉河を称号とし、元は吉香あるいは木河と書き、後に吉川の字を用いた」とあり、今は「キッカワ」よりも「ヨシカワ」の呼称が多い。

経義の子友兼は、正治二年（一二〇〇）鎌倉を離れ京都に上る梶原景時一族が駿河国を通過する時、狐ケ崎で追討した駿河武士団の一人である。その子経兼は父友兼の梶原一族追討の功により、将軍源頼家の時、播磨国（兵庫県）福井庄を賜り、子の経光は承久の乱（一二二一）の功により安芸国（広島県）佐東郡大朝本庄などの地頭職となるが、本領の駿河国木河（吉川）や播磨国福井庄の地頭職も兼務した。駿河国の吉川氏は経光の子経高の時、嫡流は安芸国、庶流は播磨国に移住したという。安芸国に移住した経高の子孫は連綿と続き、戦国時代に毛利元就の子元春が吉川家を継ぎ、以後は毛利一族となって周防国（山口県）岩国藩主として明治維新時まで栄えた。

【船越】

工藤入江氏族の入江権守維清の子船越四郎太夫清房を初祖とし、有度郡船越村（清水市）の地名から発祥する。一族は鎌倉幕府御家人となり、正治二年（一二〇〇）鎌倉を離反して京都に上る梶原景時一族を狐ケ崎で追討した駿河武士団の一人の船越三郎惟貞は、その功により鎌倉将軍が二代源頼家の時、淡路国（兵庫県）慶野庄倭文の地頭職となり、嫡流は淡路国に移住した。この子孫は南北朝時代は北朝方の足利尊氏に従って淡路水軍として活躍し、後裔の船越伊予守永景は徳川家康に仕えて遠江国今切の船奉行となり、旗本船越氏の祖となった。

【三澤】

吉川、船越氏と同じく工藤入江氏族で、有度郡三澤村（清水市）から発祥し、太田家清の子三澤小次郎は源頼朝の奥州征伐に武功を挙げた。正治二年の梶原景時一族追討の駿河武士団の中に名がある。三澤氏も船越氏と同様に淡路国（兵庫県）に赴任し、子孫は淡路国や阿波国（徳島県）で繁栄するが、族裔と言われる三澤昌俊が富士郡に来住し、その子昌弘は日蓮に帰依し日朗を開山として三澤寺（芝川町）を開基したと伝えられる。南北朝時代は狩野氏と共に南朝方に属したが北朝方の今川氏に敗れ、先祖累代の駿河国三澤の地を失った。

【相良】

工藤入江氏族の遠江守藤原維兼の孫周頼が榛原郡相良庄（相良町）に居住して相良を名字とする。相良周頼五代の孫頼景は将軍源頼朝の怒りに触れ肥後国（熊本県）多良木荘に預けられ、その子長頼は幕府御家人となり、建久九年（一一九八）武蔵国二俣川の功により肥後国人吉荘の地頭職となって九州に移住する。本領の相良庄には一族の頼忠、頼綱が残ったと伝えられ、この子孫は戦国時代今川氏に仕えた。

九州に移住した相良氏は、蒙古襲来の時は防戦に活躍し、南北朝抗争期には初め三代は南朝方、後三代は北朝方に尽くした。江戸時代は人吉藩主となり、明治維新まで大名家として続いた稀に見る家系である。

【久野】

工藤入江氏族の久野氏は山名郡久野郷（袋井市）より発祥する。久野宗仲、その子忠宗は鎌倉幕府御家人となる。子孫は久野（能）城主として続き、戦国時代の久野佐渡守宗隆、忠宗、その子元宗は今川氏に仕え、今川氏の衰亡後、元宗の弟宗能は徳川家康に従い、孫の宗成は慶長八年（一六〇三）父祖の地の久野郷を領した。子孫は紀伊徳川家の重臣となって伊勢国（三重県）田丸一万石を領した。

★駿河国に繁延した藤原北家、大森葛山氏流

藤原北家流の藤原駿河守惟康が甲駿両国の国司となり三河国（愛知県）高橋庄から駿東地方に来住し、その子親康が駿東領主となり、子親家が駿河郡鮎澤庄大森郷（裾野市）に居住し、親康の弟惟兼は鮎澤庄葛山（裾野市）に住んだ。

平安時代後期から鎌倉時代初期に駿東地域の各地に一族は拡繁、鮎澤、大沼、上野、葛山、神山、菅沼、藤曲、沓間、河合、吉窪、古澤、御宿、黄加野など、それぞれ居住地の地名を名字として繁延した。

【大森】

藤原親家は平安時代中期に大森郷に住んで大森与一親家と名乗り、鎌倉将軍源頼朝に仕えた。一族は大森近郷の各地に居住し、駿東地方の豪族として繁栄した。親家の嫡流の大森頼顕は、禅秀の乱（一四一六）で祖父が樹てた忠功により室町幕府から相模国小田原周辺の地を賜り、一族は小田原に移住した。代々小田原領主であったが、明応四年（一四九五）藤頼の時、北條早雲の謀略にかかり小田原城を急襲されて嫡流は滅亡する。駿東地域に残った頼顕の曽孫頼春の子孫は戦国時代まで繁栄し、藤頼の兄実頼の孫親綱は今川氏に仕え、浜松城主飯尾氏に属したという。

【葛山】

甲駿両国の国司藤原惟康を遠祖とし、惟康の子鮎澤四郎惟兼は鮎澤庄葛山郷（裾野市）に居住し、その子惟忠が葛山を名字とした。平安時代中期から葛山郷を本拠とした豪族であり大森氏の一族である。戦国時代は、北條早雲とも血縁関係を持ち、駿河国主の今川氏が衰亡するまで今川重臣の地位にあった。

永禄三年（一五六〇）今川義元が西上の軍を進めた時、葛山一族は先陣として従軍し尾張国の笠寺城を攻略したが、主君義元が桶狭間で織田信長の奇襲により戦死したため敵軍に退路を断たれ、一族の中にはそのまま尾張国や三河国に定住した者があったと伝えられ、その流裔が葛山姓を名乗っているという。

永禄十二年（一五六九）今川氏が衰退すると、葛山元氏は今川氏から離反して甲斐国の武田信玄に従い、一族を引き連れて甲斐国に移ったが、後に抗したとして信濃国諏訪で武田氏に討たれ滅亡した。発祥地の葛山付近（裾野市）には歴史ある葛山姓は現存しないが、長野県や愛知県に残る葛山姓は滅亡後の流裔という。

★遠江国に繁延した藤原北家、井伊氏流

遠江国の名字の変遷と言えば最初に思い浮かぶのは藤原北家流の井伊氏である。平安時代から居住して繁延し分流した井伊氏一族の名字地は遠江国全域に亘り、赤佐、貫名、奥山、石野、早田井、篠瀬、田中、平井、谷沢、田澤、石岡など、多くの名字を派生し繁栄したが、戦国時代に嫡流と共に一族が名字発祥地の井伊谷（引佐町）の地を離れたので、遠江国でも嫡流と同じ井伊姓は稀少な名字である。

【井伊】

藤原兵衛佐利世の五代孫、藤原備中守共資が正暦年間（九九〇～九五）敷智郡村櫛郷（浜松市）に居住し、その養子の備中守共保が井伊谷（引佐町）に移住して井伊を称し、遠江井伊氏の元祖となった。代々、遠江守、遠江権守、遠江介に任じられて湖北一帯に勢威を振るい、一族は分流し居住地の地名を称して繁延した。

南北朝時代の遠江介道政は南朝宗良親王を井伊谷城に迎え、一族結集して遠江南朝方の拠点となった。戦国時代は今川氏に臣従したが、井伊直盛、直親父子は二代に亘って家臣の讒言により当主が今川氏に討たれるという悲運に遭った。直親の子直政は徳川家康に仕えて四天王の一人と呼ばれ、その軍団は「井伊の赤備え」で武功を樹て、慶長五年（一六〇〇）佐和山城主十八万石となる。直政の子直勝は、後に近江国（滋賀県）の彦根城主となり、子孫からは幕末の大老井伊直弼が出た。結局、嫡流の井伊氏は静岡県内ではなく県外の滋賀県で繁栄する。井伊氏から分流した一族の奥山、石野、田中、平井、田澤、谷澤、石岡、篠瀬氏などの諸氏は県内に拡繁し、それら名字は県内各地に分布している。

★伊豆国、相模国に繁栄した桓武平氏流

政権を掌握していた平家一族が元暦二年（一一八五）壇の浦（山口県）で滅亡した事で源平争乱の時代は幕を閉じ、桓武平氏流の平貞盛の子維衡を祖とする伊勢平氏流平氏は滅亡したが、貞盛の子維将を祖とする伊豆国の平氏族の北條時政は、源頼朝の挙兵の原動力となったので、鎌倉幕府創立後は最高位の執権職に就き、桓武平氏の主流となった。伊豆国の北條氏を除けば、桓武平氏族の多くは殆どが相模国、武蔵国、房総に分流していて、中村、土肥、大庭、梶原、三浦、和田、佐原、千葉氏など、それぞれ居住地や所領地の地名を名字とした豪族であった。

伊豆国の北條氏一族は鎌倉幕府創立後、鎌倉（神奈川県）に移住して代々、執権職を世襲、嫡流系の子孫は官職に就いた赴任地や所領地など各地に繁延し、その居住地を名字地として、江間、江馬、名越、大仏、金沢、赤橋など新たな名字を派生した。

【北條】

源頼朝の挙兵の際、最有力の支援者となった桓武平氏流の北條時政の父の時家が、伊豆国北條庄（韮山町）に住んで北條を称したのが北條姓の始まりである。

この北條氏は、戦国時代に台頭する北條早雲の子孫の北條氏と区別するため、「前北條氏」と呼び、早雲系は「後北條氏」とも称している。

鎌倉幕府創立後、時政は幕府最高位の執権職に就き、将軍源頼朝に嫁した娘政子は夫頼朝の死後、尼将軍と呼ばれた程権力を掌握していた。

時政とその子義時は鎌倉（神奈川県）に居住し頼朝の死後は血を分けた孫、甥に当たる源氏の血統者や幕府創設に尽くした有力者を次々に打倒し、北條氏の不動の地位を確立する。子孫は元弘三年（一三三三）新田義貞の鎌倉攻めで滅亡するまで一六代、一四〇年、代々、執権職を継承した。時政は晩年、本領地の北條庄（韮山町）に帰住したと伝えられるが、発祥した伊豆地方に北條姓は意外に少ない。

時政から約二七〇年後、伊豆国に侵入した伊勢新九郎長氏（後の北條早雲）が北條氏を名乗り韮山城で歿しているが、早雲の子孫は相模国（神奈川県）の小田原城に居住したので、当時は伊豆国に残った北條姓は無い。「前北條氏」も「後北條氏」も伊豆国北條庄（韮山町）から発祥して子孫が繁栄しながら、今は発祥地の伊豆地方に北條姓は稀少である。

【江間、江馬】

伊豆国北條庄（韮山町）から発祥した北條氏の分流で、北條庄に隣接する江間（馬）庄を名字地として、北條時政の嫡子義時が居住地の江間小次郎と名乗り、その嫡子泰時も江間を称した。義時、泰時父子の子孫は代々、鎌倉幕府執権職に就き、北條姓を名乗り鎌倉に居住するが、時政の猶子時盛は美濃国（岐阜県）に移住し、その子孫は美濃、飛騨国（岐阜県）に繁延し多くは江馬姓を名乗った。

戦国時代、曳馬城主飯尾氏や井伊氏に仕えた江馬氏一族は義時の次男の遠江守朝時の子光時の後裔といい、高天神城の武田方軍監であった江馬右馬允直盛は義時の義弟輝盛の後裔で飛騨江馬氏流である。現在、発祥地の伊豆地方には江間姓が多く、浜松地域には江馬姓が分布している。義時の子孫からは名越、金沢、赤橋の名字も派生している。

【南條】

伊豆国南條庄（韮山町）から発祥し、始祖という南條小太郎は鎌倉幕府御家人となり執権職北條氏と同族であることから代々、子孫は幕府の要職に就いた。鎌倉時代中期の文永年間（一二六四〜七五）富士郡上野郷（富士宮市）の地頭職となった南條兵衛七郎実長は日蓮上人に帰依し、その子時光は正応三年（一二九〇）上野郷大石原に大石寺を建立し、北山本門寺も創立した。子孫は鎌倉幕府滅亡後も富士郡内に永住し、建武元年（一三三四）南條時綱は久遠寺（富士宮市）を建て、大永四年（一五二四）甲斐武田軍の駿河侵攻の際は南條氏が大石寺の宝物を守ったという。

発祥地の伊豆国には代々、永住し、戦国時代には相模北條氏に仕えて伊豆衆二一家に数えられた伊豆南條氏があり、富士南條氏と同じく時綱の後裔という。

【長崎】

伊豆国長崎庄（韮山町）から発祥した長崎氏は平重盛の後裔という。

長崎平左衛門盛綱は鎌倉幕府執権職の北條泰時の執事となり、子孫は代々、執事を継承し、元弘元年（一三三一）北條氏が滅亡するまで権力を振るった。盛綱の後裔の長崎為基が長崎地頭となった事に因んで長崎県や長崎市と名付けられたという。

★駿河国で永続した大宅氏流

紀氏流の大宅大三大夫光任は前九年の役（一〇五一〜六二）に源頼義に従い奥州合戦で七騎武者の一人として武功を挙げ、その子大二大夫光房は頼義の子八幡太郎源義家に従軍し後三年の役（一〇八三〜八七）に軍功を樹てる。光房の曽孫の大次郎光延は源頼朝に仕え、父祖の勲功により駿河国の高橋（清水市）、油比（由比町）、西山（芝川町）を賜り、川合村（芝川町）に来住する。光延の三子は居住地の地名を名字として名乗り嫡男光盛は高橋刑部丞、次男光高は油比大五郎、三男季光は西山大八郎と称したという。

南北朝時代の大宅氏は南朝方に味方し、光盛の孫高橋吉清は薩埵山合戦で討死し、季光の孫西山季吉は桜野合戦で討死し、本拠地の川合の地は足利尊氏軍に攻め取られるが、子孫は永続する。戦国時代の後裔は今川氏に仕えて高橋、油比（由比）、西山姓を称し、また、本姓大宅を冠して併称もし、先祖代々の地に永住した。

大宅姓は「越智系図」と「河野系図」に伝説が掲載されているので要約して次に記す。

「越智系図」は「孝霊天皇の皇子伊豫王の妃和氣姫が三子を産む。怪異の思いを抱いて三子を小舟三艘に別々に乗せて海に流す。長子は八歳にして駿河国清見崎に漂着し、大宅（官衙）を造りて住む。故に大宅を姓とす。（中略）子孫多く庵が並びこの地を菴（庵）原というなり。」

「河野系図」も大同小異であるが「和氣姫が三子を産む。一、二に産まれたるを兄とす。（三つ子）嫡子の舟は伊豆国に流れ着きて大明神と現じ、その孫を大宅氏という。子孫多く庵を並びて住み給い家門盛んなり。よってこの所を庵原という。」

「豫章記」も大同小異であり、いずれの伝説も、長子を乗せた小舟が伊豫国（愛媛県）から静岡県の海岸（清見崎か伊豆海岸）に漂着して大宅氏の初祖となり、子孫が大宅姓を名乗り、その地を庵原と称したという事は一致している。また、次子は三宅氏祖、三子は越智祖となったという内容も同じである。

この伝説は、神が海から渡来したという神話であるが、大宅姓の歴史だけでなく、伊豫国の大三島神社と伊豆国の三島神社との関係や、往昔から黒潮の流れを利用したことなどを秘めた貴重な伝説である。

★駿河、遠江両国に拡繁した清和源氏今川氏流

駿河、遠江国の守護大名、戦国大名として南北朝時代から戦国時代まで静岡県内で繁栄した今川一族は、下野国（栃木県）足利庄発祥の清和源氏足利氏流で、その子孫が三河国吉良庄に住んで吉良姓を称し、吉良長氏の子国氏が三河国幡豆郡今川庄に居住して今川を称したことに始まる。駿河今川氏の初代上総介範国は国氏の孫で、足利尊氏に仕え元弘三年（一三三三）遠江国守護職となって遠江国府（磐田市）に住み、延元二年（一三三七）駿河国守護職を兼ねる。二代中務少輔範氏は大津、葉梨（藤枝市）に住み、八代上総介氏親の代では駿府城に住んで駿河、遠江、三河の三国に勢威を拡張したが、十代治部大輔義元が永禄三年（一五六〇）西上の途中、桶狭間で織田信長の奇襲を受けて戦死してから急速に衰退し、十一代氏真の代の永禄十二年、約百年繁栄した今川氏はついに没落した。この間、駿遠の各地に拡繁し分流した一族は、入野、木田、蒲原、堀越、瀬名、尾崎、乗木、関口、小鹿、沼津など、所領地や居住地の地名を名字として名乗っている。この今川氏族の名字は県内の地名から発祥した名字で、中駿地域から東遠地域に多く分布する。

6 県内に多い名字の発祥地

静岡県は、陸には、古都の京都と近代首都の東京を繋ぐ主要な東海道が通り、海は南から北上する黒潮が流れ、気候温暖で住みよい環境であったので、往昔より人の往来と移出入が盛んに行われ、名字の種類が多い県である。静岡県内の地名から発祥したという名字が数多くあるにもかかわらず、県内名字ランキングの上位を占める名字の殆どが県外の地名を負った名字である。

前章の「静岡県内の地名から発祥した名字」に挙げた名字は三五〇姓以上あるが、県ランキングの一〇〇位内に入るのは僅か一九姓のみである。その一九姓の発祥地名は静岡県外にも多くある地名であるから、県内発祥の名字と同じ名字であっても必ずしも全部が静岡県内の地名から起こったとは断定できない。

次に、静岡県名字ランキングの上位二〇〇姓をランキング順に列挙し、その名字の「発生由来」または「発祥地名の意義」「発祥地」「系統」「その名字を称した室町時代以前の県内の人物名」「時代」を列記する。名字の発祥地が多い名字については、静岡県が含まれる中部地方と関東、近畿地方に限定した。「県名字ランキング」は昭和五四年の資料であり、順位に多少の差違はあっても現況とはあまり変わらず大同小異であると推考する。

名の下の（　）は氏名が史書に出ている時代

一、鈴木（スズキ）「稲穂を積んだ穂積状態の方言のスズキ」が語源という。
　千年以上の歴史がある、国内第一位の大姓という。
　紀伊国熊野（和歌山県）発祥　　物部氏穂積氏流
　（遠江）豊前守重勝（小国神主）石見守重安（井伊谷三人衆）（室町）
　（駿河）助兵衛良正（新田開発者）（室町）三郎重吉（室町）神官
　（伊豆）左京大夫繁伴（吉野）兵庫頭繁允（豆相船大将）（室町）
　　越後守、右京亮正久、右京大夫重政（吉野）南朝方

二、渡辺（ワタナベ）「川や海を渡る地」の意で、港津や海辺、河辺の地である。
　摂津国西成郡渡辺（大阪市）発祥　　嵯峨源氏流　渡邊、渡邉、渡部とも。
　（遠江）金太夫照（室町）今川家臣
　（駿河）兵衛尉繁（平安）興津家人　孫次郎（室町）今川家臣か
　　半右衛門清（鎌倉）幕府家人か　清左衛門威（室町）
　（伊豆）伊予守（室町）伊豆沢谷城主　弾正忠（室町）
　　藤太夫日長（法名）（鎌倉）日蓮信者

三、望月（モチヅキ）「満月」の意で、月の眺めが良い地という地名。

信濃国佐久郡望月郷（長野県）発祥　清和源氏滋野氏流
（駿河）兵庫助（室町）今川家臣　瀬平（室町）武田家臣

四、杉山（スギヤマ）「杉林の山のある地」の意で、各地に地名多く系流も多い。
相模国杉山（神奈川県）発祥　藤原氏流
甲斐国杉山（山梨県）発祥　桓武平氏上杉氏流
三河国渥美郡杉山邑（愛知県）発祥　藤原氏流
信濃国杉山（長野県）発祥　滋野氏望月氏流
（遠江）杉山氏（吉野）南朝方、土岐家老
（駿河）太郎左衛門利長（室町）今川家臣　若狭守宗廣（鎌倉）
（伊豆）照吉（吉野）北朝方、足利家臣

五、山本（ヤマモト）「山の麓の地」の意で、各地に地名多く系流も多い。
駿河国富士郡山本村（富士宮市）発祥　清和源氏吉野氏流と度会氏流
安房国安房郡山本村（千葉県）発祥　清和源氏流新田氏流
近江国浅井郡山本村（滋賀県）発祥　清和源氏流　宇多源氏佐々木氏流
常陸国那珂郡山本郷（茨城県）発祥　桓武平氏大掾氏流
（遠江）五郎頼持（室町）

（駿河）弾正貞久（室町）今川家臣　宗方（室町か）今川家臣か。
弥三郎重安（鎌倉）日蓮弟子　左衛門佐義晴（室町）今川家臣
（伊豆）玄通（平安）　左衛門政村　飛騨守　信濃守常任（室町）北条家臣
太郎左衛門尉（室町）北条早雲家臣

六、佐藤（サトウ）「官職名・庄名の一字と藤原氏の藤の合成名字」

左衛門尉の左と藤原の藤に因む　藤原氏秀郷流、
（左を吉字の佐に変えたという説もある）
左衛門佐の佐と藤原の藤に因む　藤原氏秀郷流
佐渡守の佐と藤原の藤に因む　藤原氏秀郷流とも
下野国佐野庄の佐と藤原の藤に因む　藤原氏秀郷流とも
（遠江）利兵衛（室町）草分け　本陣佐藤氏
（駿河）加賀守（室町）元武田家臣　又市（室町）今川家臣
国憲（室町）後に岩本　弥右衛門康信（室町）町頭
（伊豆）信頼（室町）大森家臣　四郎兵衛（室町）北条早雲家臣
左衛門尉延行（室町）

七、伊藤（イトウ）「官職名・国名の一字と藤原氏の藤の合成名字」

伊勢守（伊勢国）の伊と藤原の藤に因む　秀郷流藤原氏流、藤原氏相良氏流
（遠江）伊藤大夫頼堯（鎌倉）相良領主　左衛門尉（室町）今川家臣
（駿河）八左衛門（室町）土地開発

八、山田（ヤマダ）「山を開拓して田地にした地」の意で、各地に地名多く系流も多い。
奈良時代の姓の裔。
信濃国伊那郡山田村（長野県）発祥　清和源氏村上氏流
甲斐国山田村（山梨県）発祥　清和源氏武田氏流
尾張国山田郡山田荘（愛知県）発祥　清和源氏の浦野氏・足利氏流
穂積（鈴木）氏流
（遠江）八蔵国時（室町）社山城主　七郎左衛門（室町）鋳物師惣大工
（駿河）越後守義継（鎌倉）承久乱で配流　福寿大夫三郎（室町）神官
七郎兵衛政雅（室町）土地開発　六郎左衛門（室町）御用鋳物師
（伊豆）豊浜（奈良）伊豆国掾　権大夫正純（平安）織部（室町）

九、加藤（カトウ）「官職名・国名の一字と藤原氏の藤の合成名字」
加賀介（加賀守・加賀国）の加と藤原の藤に因む　藤原氏利仁流
（遠江）加藤氏（室町）浜名家臣　四郎左衛門（室町）陶工

（駿河）判官（景廉か）（鎌倉）　下野守宣儀、直景（室町）今川家臣
（伊豆）加藤五景員、加藤太光員、加藤次景廉父子（平安）源頼朝郎党

一〇、中村（ナカムラ）「村落形成の中央部の村や最初の村」の意。
各地に地名多く、発祥名字の系流も多い。
小笠郡中村（小笠町）発祥　紀氏流の他、近隣県では、
尾張国愛知郡中村郷（愛知県）発祥　宇多源氏佐々木氏流
甲斐国八代郡中村庄（山梨県）発祥　清和源氏武田氏流と毛野氏流
相模国余綾郡中村庄（神奈川県）発祥　桓武平氏村岡氏流
信濃国中村郷（長野県）発祥　中村連の後裔
武蔵国秩父郡中村郷（東京都）発祥　桓武平氏将恒流と武蔵七党丹党
（遠江）紀三郎忠遠（室町）中村領主　新左衛門尉正實（室町）敷智郡領主
（駿河）勝宗（平安）浅間神主　彦次郎吉久（室町）北条家臣
（伊豆）民部国房（室町）相模新井城　式部少輔一氏（室町）駿府城主

一一、大石（オオイシ）「大きな石のある土地や原」の意。
大石原（富士郡）や大石（小笠町）発祥　藤原氏流や他の氏流
甲斐国都留郡大石村（山梨県）発祥　和迩部氏流

（遠江）左衛門尉頼親（鎌倉）孫左衛門是親（吉野）南朝方
（駿河）蔵人義只（吉野）浅間社人　右衛門（室町）氏久父　今川家臣。
（伊豆）金吾、盛信（室町）北条家臣

一二、佐野（サノ）「大野原に次ぐ野原のある地」の意か。

各地に地名多く、発祥名字の系流も多い。
富士郡佐野（芝川町か）発祥　和迩部姓富士氏流
田方郡佐野村（三島市）発祥　藤原氏足利氏流
佐野郡（城飼郡）発祥　佐野臣の裔、の他
甲斐国河内領佐野（山梨県）発祥　清和源氏諏訪氏流と藤原氏流
紀伊国牟婁郡佐野庄（和歌山県）発祥　藤原北家熊野族
上野国群馬郡佐野邑（群馬県）発祥　藤原氏流
下野国安蘇郡佐野庄（栃木県）発祥　藤原氏足利氏流
（遠江）佐野臣（奈良）佐野将監弘政（鎌倉か）城飼の城主
（駿河）源右衛門（鎌倉）前北条家臣　源右衛門義正（吉野）南朝方
藤次則氏（吉野）北朝方　主殿頭（鎌倉）平維盛家臣
室町末期（戦国）には、駿河各地に佐野氏の名が史書に多く出る。

一三、高橋（タカハシ）「天に架け天と地をつなぐ高い橋」の意。

（伊豆）太郎基綱（吉野）　藤左衛門（室町）北条家臣

姓（カバネ）の高橋（真人、連、臣、朝臣、宿禰、祝、忌寸）など多い。

高橋朝臣の賜姓（天武帝の頃）　物部氏族、安倍氏族

庵原郡飯田村高橋（清水市）発祥　大宅氏流、藤原氏入江氏流

城飼郡高橋郷（小笠町）発祥　物部氏族、藤原南家狩野氏流

宇多源氏佐々木氏流

三河国賀茂郡高橋庄（愛知県）発祥　藤原北家大森氏流

（遠江）高橋朝臣国足（奈良）遠江国少掾

左衛門尉盛綱（鎌倉）讃岐守　常家（室町）今川家臣

（駿河）祖麻呂（奈良）駿河介　浄野（奈良）駿河守

維頼（平安）遠江権守、弥太郎維延（鎌倉）幕府家人

高橋刑部丞光盛（鎌倉）高橋領主

（伊豆）丹波守（吉野）上山城主　将監頼元（室町）北条家臣

一四、齋藤（サイトウ）「官職名の一字と藤原氏の藤の合成名字」

齋宮頭の齋と藤原の藤に因む　藤原氏利仁流

（遠江）遠江守兼綱（鎌倉）越前守利泰（吉野）加賀守（室町）
（駿河）齋藤五宗貞　齋藤六宗光　弥三郎利安（平安）平六代妙覚家臣
弾正入道道斎（室町）今川家臣　加賀守安元（室町）丸子城主
佐渡守元清（室町）今川家臣
（伊豆）齋藤氏（平安か）鋳物師。

一五、小林（コバヤシ）「小さな林のある地」の意。各地に地名多く、発祥名字の系流も多い。
伊勢国度会郡小林御園（三重県）発祥　橘氏流と度会姓
信濃国伊那郡小林邑（長野県）発祥　清和源氏知久氏流
相模国鎌倉郡小林郷（神奈川県）発祥　桓武平氏和田氏流
上野国緑野郡小林邑（群馬県）発祥　桓武平氏高山氏流
下野国那賀郡小林邑（栃木県）発祥　壬生氏流
（遠江）新左衛門（室町）
（駿河）対馬守、銀之助、作兵衛（室町）今川家臣
（伊豆）平馬正廣（平安）重高（室町）鈴木郎党　越中守泰高（室町）

一六、増田（マスダ）「開墾により増加した田地」の意。各地に地名多く、系流も多い。
信濃国増田郷（長野県）発祥　滋野姓望月氏流と清和源氏小笠原氏流

武蔵国幡羅郡増田村（東京都）　橘氏流長盛流
近江国浅井郡益田郷（滋賀県）　橘氏流
羽後国平鹿郡増田村（山形県）発祥　桓武平氏土肥氏流
（遠江）掃部助　主膳正　兵庫助　六郎兵衛　周防守（室町）今川家臣

一七、田中（タナカ）「田に囲まれた田地、田地の中の集落」の意。姓（カバネ）もある。
各地に地名多く、発祥名字の系流も多い。県内にも地名が多い。

田方郡田中郷（大仁町）発祥　桓武平氏流
佐野郡田中村（掛川市）発祥　藤原北家井伊氏流
益津郡田中村（藤枝市）発祥　藤原氏流
甲斐国山梨郡田中村（山梨県）発祥　清和源氏安田氏流
美濃国池田郡田中村（岐阜県）発祥　清和源氏土岐氏流
近江国高島郡田中村（滋賀県）発祥　宇多源氏佐々木氏流と高階氏流
上野国新田郡田中邑（群馬県）発祥　清和源氏新田氏流
（遠江）太郎左衛門尉直清（吉野）南朝方　新左衛門（室町）今川家臣
因幡守義堯（室町）田中城主
（駿河）知氏（室町）武田家臣　田中大夫（吉野）

（伊豆）越中守泰行（室町）堀越公方家臣　融成江雪（室町）北条家臣

一八、石川（イシカワ）「岩石の多い河川」のある地の意。

各地に地名多く、発祥名字の系流も多い。

河内国石川郡石川荘（大阪府）発祥　清和源氏流と石川朝臣裔

磐城国白河郡石川郷（福島県）発祥　清和源氏福島氏流と坂上氏流

常陸国茨城郡石川村（茨城県）発祥　大掾氏流

武蔵国久良岐郡石川村（東京都）発祥　小野氏横山党

（遠江）石川朝臣真守（奈良）遠江守　左近左衛門尉（室町）

（駿河）新兵衛宗忠　孫三郎能忠（鎌倉）幕府家人

六郎親氏　八郎左衛門（室町）今川家臣

新次郎通信　新三郎信明（室町）高橋城主

（伊豆）石川朝臣人麻呂（奈良）伊豆守

一九、土屋（ツチヤ）「土谷」と同義で、「谷の多い地」の意か。屋は転化ともいう。

相模国大住郡土屋郷（神奈川県）発祥　桓武平氏中村氏流

（駿河）京蔵（鎌倉）大平開発

（伊豆）傳助昌遠（室町）武田家臣　近江五郎入道（室町）北条家臣

左衛門太郎　隼人助（室町）北条水軍

二〇、村松（ムラマツ）「村末と同義で、村落の端」の意か。松は吉祥文字とも。
各地に地名多く、発祥名字の系流も多い。
山名郡村松村（袋井市）発祥　　藤原氏流
安倍郡（富士郡か）村松村発祥　　和迩部姓富士氏流、の他
越後国蒲原郡村松郷（新潟県）発祥　藤原氏流
（遠江）三位中将茂氏（平安）源左衛門尉茂堯、茂国（室町）浅羽代官
（駿河）次郎範時（吉野）藤左衛門（室町）武田家臣。

三　静岡県内の賜姓

1　賜姓は最高の栄誉であった

「賜姓」という語は厳密に言えば「姓（カバネ）」を賜うという意味であるが、一般的には「氏」や「名字」を賜うという事であるので、正確には「賜氏」とも言うべきである。

次に「氏」や「名字」を授けられた「賜姓」を述べる事にする。

天智天皇八年（六六九）に中臣鎌足は最高位の大職冠を授けられて内大臣に任じられ「藤原姓」を賜った。この「藤原」は中臣一族の本拠地藤原の地名に因む氏（ウジ、シ）であり、以後、「藤原氏」と称し、今では後から出た「源氏」「平氏」の「氏」と同様に平安末期より発生した「名字」と同様に取り扱われている。

その後、十五年経た天武天皇十二年（六八四）に制定された「八色の姓（ヤクサノカバネ）」は、眞人、朝臣、宿禰、忌寸（伊美吉）、道師、臣、連、稲置の八姓と、官職を表す国造、県主、稲置、別、神主、画師、薬師、日佐、史の九姓である。

平安時代に、皇子や皇孫が臣籍降下する際に、「源朝臣」や「平朝臣」が下賜され、これを通常は「賜姓」と呼ぶが、姓（カバネ）は「朝臣（アソミ、アソン）」で、「源」「平」は

「氏」である。

次に列挙したのは、朝廷よりの「賜姓」として広く世に知られた「氏」である。これらは「賜姓」と称するが、「姓（カバネ）」ではなく「氏（ウジ・シ）」であるが、今は「氏」と「姓」は同一視されているので、敢えて「賜姓」として取り扱う事とした。

天智天皇八年（六六九）中臣鎌足が「藤原姓」を賜る
天平八年（七三六）葛城王が勅許を得て「橘姓（母姓）」に改姓
天平宝字二年（七五八）藤原仲麻呂が「恵美押勝」の姓名を賜る
弘仁五年（八一四）皇族に「源姓」を賜う（嵯峨源氏）
天長二年（八二五）高棟王に「平朝臣」を賜う（桓武平氏）
貞観十五年（八七三）皇子、皇女に「源姓」を賜う（清和源氏）
寛平元年（八八九）高望王等に「平姓」を賜う（桓武平氏）
延喜二十年（九二〇）皇子高明等に「源姓」を賜う（醍醐源氏）
「源姓」「平姓」の「賜姓」は他にも多くあるが省略する。
天正十四年（一五八六）羽柴秀吉が「豊臣姓」を賜る

平安時代以前の「賜姓」は、専ら天皇（朝廷）が「姓」や「氏」を授けたのであるが、鎌倉時代以降は、「姓」や「氏」よりも、名前（諱）の一字を授けるという風習が増え、特に、鎌倉武士の間には元服の際の命名（諱）に見る事が多い。歴史上では「賜姓」だけでなく、足利高氏が後醍醐天皇より御諱の「尊」の字を賜り「尊氏」としたように、諱（イミナ、名前）の一字を賜ったという例もあるが、豊臣秀吉や徳川家康は自分の元の名字を従属した重臣に与えているのが特色である。豊臣秀吉は朝廷から「豊臣姓」を賜ると、慶長十三年（一六〇八）頃から、以前の「名字」であった「羽柴」を、家臣となった諸大名に授けている。徳川家康は江戸開幕後、多くの功臣や諸大名に、「徳川」を称する前の「名字」の「松平」を与えている。戦国時代には、各地の戦国大名や領主が、自己の名前（諱）の一字を授ける事と、由緒ある「名家の名字」や、特別の由縁に因んだ新規な「名字」を創造して与える事が増加している。

「諱」の一字を授かった家臣は感激して忠誠心を高揚させ、「名字」を賜った者は、末代まで継承する最高の栄誉を与えられた事になり、本人だけでなく、子孫もその名誉を享受する事ができる。従って、「名字」を授けるという事は、授与する側は何の費用もかからずに最大の効果を挙げる事ができ、授与された側にとっては最高の褒美であった。

そもそも、「名字」を賜わるという事は自分の「元の名字」を捨てて「賜った名字」に改変する事であるので、その内容には「賜る」と言うよりも「変える事を命じられる」という事も多く含まれていて、掘り下げて考えると難しい問題もあったに違いない。

「賜姓」の内容には種々あるが、主なる由来や根拠を整理すると、一、主君（領主）の「氏」「名字」、又は、主君（領主）の以前の「名字」を賜う（例、羽柴、松平）。二、名族の「氏」「名字」を賜う。名族の家系復興が目的で、名族が断絶している場合が多い（例、駿河の葛山、甲斐の土屋）。三、功労など種々の事由で特殊の「名字」を賜う。今まで無かった「新名字」が多い（例、徳川家康の賜姓）。

さて、静岡県内には、鎌倉幕府を創立した源頼朝が配流され後に旗上げした地の伊豆国があり、家来や領民に褒美として「名字」を与えることの好きだったと伝えられる武田信玄や徳川家康と縁の深い地である。武田信玄は駿遠に幾度も侵攻し、一時は富士川以東の河東地区が支配下になり、徳川家康は若き頃と晩年に居住した駿府や、遠州を支配した時に居城した浜松城があるなどの縁故があるから、頼朝、信玄、家康からの「賜姓」の伝承は多く残っている。特に家康からの賜姓は遠州地方全域に拡がっているが、似たような伝承が数多くあり、ほとんどの賜姓伝承が戦いに敗れて逃げる家康を助けた恩賞という話である。それにしても、「伝説」では、家康はよく負けて逃げてばかりいたものである。

これらの伝承の中には、明らかに代々の口伝の過程で、もっともらしく完成したのであろうと推測される「名字」や、同じ「名字」で幾通りかの異なる伝承がある「名字」や、「賜姓」されたと伝えられる年代以前にすでに同姓が存在していた「名字」などもあるが伝承は尊重したいものである。ともあれ、上位の者が下位の者に賞として与えるには、「名字」はもっとも良い褒美であった事は確かである。

2　静岡県内の賜姓の由来

「賜姓の伝承」には信じ難い内容もあるが、それらの真偽は論外として、伝承を尊重する事とし、静岡県内の賜姓の伝承を持つ「名字の由来」を、次に挙げる。

＊阿井（アイ）　近江国（滋賀県）の浅井氏から出た浅井新十郎政次は今川義元に仕え、志太郡前島村（藤枝市）を領し、主君義元の命により、「阿井」に改姓したという。

＊朝日（アサヒ）　三島市の「朝日氏」の「朝日」は、先祖が源頼朝からの「賜姓」と伝えられ、「伝承」によれば、伊豆国に配流されていた源頼朝が、箱根山中で狩りをして道に迷って困っていた時、狩りをしていた「朝日氏」の先祖が道案内をして助けたので、無事に館に帰る事ができた。後年、「朝日将軍」と言われた頼朝から「朝日」の「名字」を賜ったという。又、狩りで疲れた頼朝が眠り過ぎた時、夜が明け朝日が出たことを知らせたので与えられたとも伝える。歴史上の「朝日姓」は、頼朝の従兄弟で「朝日将軍」と言われた木曽義仲の子孫が「朝日」を「名字」にしたとか、又、清和源氏流の源頼親八代孫の宇野次郎頼時が「朝日」を称したといい、別流が多い。

＊雨夜（アマヨ）　志太郡（島田市）の「雨夜氏」の先祖の覚斎は甲斐武田氏の旗奉行を勤め、武田信玄から「雨の夜でも火の消えない松明（タイマツ）」の開発を命じられ、「雨の夜でも消えない松脂（マツヤニ）を固めた松明」を考案した功により「雨夜姓」を賜ったという。「名字」の歴史上では、源満政六代孫の善積家斎の後裔家昌の弟が、雨夜太郎守正と称したとあり、覚斎は家斎の族裔ではないかと推測される。今、子孫の「雨夜会」がある。

＊池谷（イケガヤ・イケタニ）　宗高村（大井川町）の住人清右衛門が屋根を葺いている時、武田軍に追われた家康をその萱の中に隠して助けたので、生萱（いけがや）に因み「池谷姓」を賜ったという。榛原町でも、逃げて来た家康を農民が萱の中に隠したところ、敵が槍を突き刺し一緒に入っていた家臣の本多忠勝の足に刺さるが、槍先の血を拭いたので見付からずに助かったという。萱で助かり傍らに池があったので「イケガヤ」姓を賜ったという、似た伝説がある。静岡市に「池ヶ谷」があり、池谷姓と無縁ではなさそうである。

＊池端（イケハタ・イケノハタ）　益頭庄（藤枝市）の「池端氏」の先祖の兄弟は、戦いの時、池の端で敵を討ち取ったのに因んで、徳川家康から「池端姓」を賜ったという。兄は池端波之助、弟は池端水之助にしたという。水之助の子、池端弥左近は強弓の射手で、紀伊藩士となる。「イケハタ」「イケノハタ」と呼称する。

＊一瀬（イチノセ）　上島村（浜北市）の農民の夫婦が、敵に追われていた徳川家康を背

負って川を渡し刈草の中に隠し追手の兵に間違ったことを教えて助けた。川（瀬）を渡ったことに因んで家康から「一瀬」という「名字」を与えられたという。

＊梅谷（ウメタニ・ウメヤ）　駿府の梅谷氏の本姓は興津氏で、先祖の左京雅義は徳川家康に従って三河国都築村から駿府に来り、梅を献上したことから「梅谷」を名乗り「梅屋」と号して町年寄の一人となった。子孫は慶安（一六四八〜五二）の頃、故あって江尻（清水市）に移住したと伝えられる。

＊小川（オガワ）　藤枝白子（藤枝市）の「小川氏」は、先祖が源三位頼政から「小川姓」を賜ったと伝える。子孫の孫三郎は伊勢国（三重県）の人で、天正十年（一五八二）堺（大阪府）にいた徳川家康が、本能寺の変を知って三河国に急ぎ帰る時、伊勢国白子浦から常滑まで舟で送り危難を救った。その後、白子に帰らず妻子を呼び寄せて駿河国に移住し、家康が駿府入りした時、藤枝の地を賜った。子孫は代々医家を継承する。

＊小粥（コガユ）　浜松市特有の名字である。尾張国海東郡で発祥したという。一説は、源義朝が平治の乱（一一五九）に敗れて落ちて行く時、小粥氏の先祖の藤左衛門が粥を献じたことに因むという。また、三方原の戦（一五七二）に敗れて逃げる徳川家康が立ち寄り、粥を食わせて貰った礼として「小粥姓」を賜り、その時、椀の上に箸を二本載せて出したのに因んで「丸に二引紋」を家紋に使用したとも伝えられる。源義朝の頃は、「家紋」が使わ

れていない時代というから、「家紋」を併せて考えると、源義朝よりも徳川家康からの「賜姓」の方が信憑性がある

＊帯金（オビガネ）　徳川家康が武田軍に追われて浜松へ逃げる時、上本郷村（豊田町）の或る家に立て籠もり敵を防いだ。立ち去る時金を貸してくれと頼まれ、家の主は帯の間から黄金を差し出した。その後、家康から呼び出され「以後、苗字帯刀を許す。苗字は帯の間から金を出したのに因み「帯金」がよい」と、「帯金姓」を賜ったという。この頃、甲斐国巨摩郡帯金村から発祥した「帯金姓」があり、武田家臣にもその「名字」が見える。

＊笠井（カサイ）　千葉県の葛西地方から発祥した葛西氏の子孫の葛西武重は遠江国長上郡（浜名郡）に築城し、その養子久秀の子清重は鎌倉幕府に仕えた。武重の妻（久秀の養母）は久秀を嫌い、清重が幼児の時殺そうとして井戸へ落としたが、清重は幸いにも井戸の中で笠の上に乗って水の上に浮かんでいたので救い揚げられたという。このことを聞いた源頼朝は、「葛西の子が井戸の中で笠に乗って浮き、命の全きを得たのは、天運である。以後、「葛西」を「笠井」に改め、城下の村も笠井村としたがよい」と言われ、武重一族は名字を「笠井」と名乗り、村名を笠井村（浜松市）としたという。

＊川端（カワバタ）　豊臣家に仕えた播磨国（兵庫県）の松原城主明石半右衛門景利は、豊臣氏滅亡後、駿河国に隠れ、寛永三年（一六二六）駿河大納言徳川忠長からの仕官を固辞

し、代わりに香貫村（沼津市）に二百石の地を与えられて新田開発を命じられ、川端善太夫という氏名を賜るという。

＊川守（カワモリ）　志太郡中村（焼津市）付近の戦いの時、住人の藤兵衛は逃げる徳川家康を嚮導し、戸板で川水をはね、瀬戸川を渡した功により家康から「川守姓」を賜ったという。

＊希代（キダイ）「稀代」とも書く。鎌倉時代、先祖が鎌倉将軍に矢の根を鍛えて献上したところ「稀代なる者である」と賞され「希代」の名字を賜ったという。「希（稀）代」とは、世に稀少なものという意味である。この家は代々、鍛冶頭で、子孫は甲斐国都留郡谷村（都留市）に住み、慶長（一五九六～一六一五）の頃は「希代」と書かれている。江戸時代から屋号を「大鍛冶屋」と称した。希代、稀代姓は県内にもある。

＊五味（ゴミ）　源三位頼政の一族の隼人正助定は行状が良く五常を兼ねていたので高倉宮から「五味姓」を賜り甲斐国の武田信義に仕えた。この子孫は武田家臣として続き、後に遠江国や駿河国に移住している。別の伝説では、源頼朝が石橋山の戦いに敗れて敵に追われた時桶屋が桶の中に隠した。頼朝はゴミだらけの桶の中で助かったので「五味」という姓を与えたともいう。また、源頼朝が敵に追われて逃げる時握り飯を与えた。その握り飯は美味しく五つの味がしたのでとか、握り飯にゴミが付いていたので「五味姓」を与えたとかいう

伝説もあるが、武田家臣の流れのようである。

＊白尾（シロオ）　徳川家康が三方原の戦いで敗れ武田軍に追われて逃げる時、野口村（浜松市）の八幡神社の大楠の根元の洞穴に馬と共に隠れた。しかし、白馬の尻尾が出ていたので一人の村人が敵に見つけられてはと押し込んで隠したという。その褒美として「馬の白い尾を隠してくれた」ということでその村人は「白尾姓」を賜ったという。

＊平（タイラ）「平姓」は「源姓」と同様にすべて天皇からの「賜姓」であり、桓武天皇の皇孫高棟王や皇孫高見王の御子高望王が「平姓」を賜ったのを始めとする。以後、仁明天皇の皇子なども「平姓」を「賜姓」されているが、歴史上では、平清盛、平重盛などの出た桓武平氏が有名である。「平姓」は、「源姓」と同じように子孫は無数に分流し、北条氏などのように、それぞれ居住地の地名などに因み、別の「名字」を創姓して家名としている。

＊土井（ドイ）　下大原村（福田町）の郷士の三郎左衛門の屋敷は堅固な土居（土塀）に囲まれていた。この家に立ち寄った徳川家康から、土居が城のように堅固であるから「名字」を「土井」としたがよい、と言われて「土井姓」に改め家康に仕えたという。

＊乗吉（ノリヨシ）　磐田郡山東村（天竜市）の乗吉座大明神の神主乗吉家は、先祖が二人で徳川家康に勝栗を献じ、一人は「乗吉姓」、一人は「森知加姓」を賜ったという。

＊祝田（ハフリダ・ホウリダ・イワイダ）　徳川家康が家臣の本多平八郎と共に武田軍に

追われた時、都田川を舟で渡して助けた祝田村の農民に「本多姓」を与えるが、農民は「祝田」と聞き違えて「祝田姓」にしたという。今は「イワイダ」の読みが多い。

＊早馬（ハヤウマ）　周智郡大鳥居村（森町）の「早馬氏」は領家村（佐久間町）から来住したというが、先祖が徳川家康を馬に乗せ、山坂の険路をものともせず速く走った事を賞されて「早馬姓」を賜り、早馬藤十郎と名乗ったに始まるという。

＊細川（ホソカワ）　引佐郡引佐町富幕（ドンマク）の富幕山に大蛇が住んでいて馬や子供まで殺して食べたという。領主の細川越中守（肥後国熊本藩主ともいう）が誰か退治する者はないかと困っていた時、富幕部落の時右衛門という神技の猟の名手がいて、大蛇退治を引き受け、鉄砲で五発射って退治し、首の一端を持ち帰った。越中守はその沈勇と豪胆とその力量を賞し、「褒美に苗字帯刀を許す、以後は余の姓の「細川」を名乗るがよい」と言われた。後裔は今も富幕に「細川姓」を名乗っているということである。

＊発知（ホッチ）　徳川家康が弓術の名手を招集し、三百人から六人を選出した中に大平村（三河国）の藤三郎が入った。藤三郎は家康が立てた黄金の笄を的にして、雁又の矢を使って「ホッチ」と射て笄を折った。家康は感賞し「ホッチ」の異名を与えたので「名字」を「発知」に改めたという。子孫は県内にある。

＊松平（マツダイラ）　徳川家康は江戸幕府を開いた後、功労のあった伊達政宗などの外

様大名や譜代家臣に自分の旧姓の「松平姓」を与えている。県内の城主では、沼津城主の本姓松井氏、浜松城主の本姓本庄氏や本姓大河内氏、掛川城主の本姓久松氏がある。

＊松山（マツヤマ）　佐野郡栃原村（掛川市）の八郎左衛門は元和七年（一六二一）、松平越中守が掛川城主の時、天守閣の心柱を先祖の山から伐り出した功により、「松山姓」を賜ったが、百姓が「名字」を使用することを憚ってその山の名を「松山」にしたという。

＊萬年（マンネン）　鎌倉時代の文治（一一八五〜九〇）の頃、北面の武士であった先祖（藤原氏）が、追儺の年男を務め、「御代は萬年」と唄った事から、後鳥羽院から「萬年姓」を賜ったと伝える。子孫は榛原郡川尻村（吉田町）に住み、戦国時代は今川家臣、江戸時代は幕臣となり萬年三左衛門は川尻代官を勤めた。

＊三倉（ミクラ）　周智郡三倉村（森町）の「三倉氏」は弘治三年（一五五七）毛利元就に滅ぼされた大内氏族の杉民部則広の後裔で、九州からこの地に落ちて来た矢部因幡守隆正が先祖という。その子因幡守正時は今川義元の家臣となり、子孫の正貞、宗正兄弟は徳川家康に仕えたという。天正の頃、矢部久右衛門は徳川家康の犬居城攻略の時に嚮導したので、三倉村の土地と「三倉姓」を与えられた。伝説では、この村の百姓家に「三つの倉」があり、戦いに敗れた家康が三つの倉の一つに隠れて助かったので地名を三倉と名付け、「三倉姓」を与えたという。また、家康からの感状に「三倉」と書かれていたのに因み、子孫が江戸中

期に「矢部姓」を「三倉姓」に改姓したともいう。

＊御手洗（ミタラシ・ミタライ）天正の頃、徳川家康が二俣城攻めから浜松に帰る途中、倉中瀬村（浜松市）の戸右衛門の家に立ち寄り、朝食を食べ、この家の井戸水で手を洗ったことから「御手洗姓」を賜ったという。「名字」の歴史によると、それより以前、甲斐国の武田信虎の家臣の御手洗新七郎は、遠江国小山城（吉田町）を守っていた事があり、その子、御手洗越後守正吉は武田氏に仕え、武田氏の滅亡後は徳川家康に仕えた。「賜姓」の伝承以前に、甲斐国の武田家臣に「御手洗姓」があった事になる。

＊味知（ミチ）「味智」とも書く。桓武平氏流三浦大介義明の後裔の三浦雅楽助正勝は、今川氏に仕えたが、今川氏没落後、徳川家康に仕え、晩年は有度郡広野村（静岡市）に住む。ある時、徳川家康に鮮魚の調理を褒められ、「味知（味智）姓」という「名字」を賜ったという。また、家康の道案内をして「道（味知）姓」を賜ったともいう。しかし、この伝承より以前の天文（一五三二～五五）や永禄（一五五八～七〇）初期、今川義元家臣に味知元辰がいるから、この伝承には疑問がある。又、安倍氏流道氏は「味知」とも書かれている。

＊薬袋（ミナイ）「イラズ」とも読み、共に読みは「珍姓」に入る。この「名字」には由来に伝説が多い。武田信玄が狩りに出た時、所持していた「薬袋」を落とし、村人が拾って届け出た。信玄は中を見たかと問うと、村人は、内部を「見ない」と答えたので、信玄から

「薬袋姓」を賜り「ミナイ」と読むように命じられたという。甲斐国（山梨県）には南巨摩郡に薬袋村（早川町）があり、戦国時代には、この村名を「名字」としたと推考される、清和源氏流浅利與一義成の後裔で、武田家臣の薬袋三郎右衛門吉甫や薬袋市郎右衛門吉保などがある。「賜姓」の真偽はともかくとして、甲斐国にはこの他にも「薬袋姓」にまつわる伝承がある。昔、京から高貴な姫君を追って来た「池の宮」という若者（公卿）が、村人に姫の行方を尋ねたところ、村人が「見ない」と答えたので、悲嘆のあまり唐の国から入手して携えていた高貴薬の入った「薬袋」を破って捨てた事に因んだという伝説もある。又、この村人はみな無病長寿で、家々では、越中富山（富山県）の「薬袋」を置いてないので、村人の家で「薬袋」を見ることがない（見ない）ということから、「薬袋」を「ミナイ」と読むようになったとも伝える。「イラズ」の読みは、無病で「薬袋」が「いらない」という事から生まれた「読み方」という。

＊源（ミナモト）「源姓」はすべて天皇からの「賜姓」であり、嵯峨天皇が皇子、皇女に「源姓」を賜ったのが最初である。以後、仁明、文徳、清和、宇多、村上天皇などの各天皇の皇子、皇孫が「源姓」を賜っているので、歴史上では、嵯峨源氏、清和源氏、宇多源氏、村上源氏のように、出自、系統を区別している。しかし、血縁関係で見ると、いずれも近い親統である。この中で歴史を飾ったのは八幡太郎義家、源三位頼政、鎌倉初代将軍源頼朝、

その弟の源義経などが出た清和源氏であり、子孫は無数に分流して、新田、足利、今川氏など、それぞれ居住地や所領地の地名に因んだ「名字」を創造し、家名としているので、今は少ない。

＊蓑（ミノ）「簑」とも書く。伊賀国（三重県）の服部千太夫が、徳川家康の伊賀通過の時、「蓑笠」を献上したので「蓑姓」を賜り、蓑（簑）笠之助と称したという。四代孫の蓑笠之助正高、以後の子孫は「蓑姓」を相続する。高天神城（大東町）の城主小笠原長忠に属し、天正二年（一五七四）に籠城した城士の簑助太夫正重は、天正九年の開城後は徳川家康に帰属した。「蓑姓」は服部千太夫以前からあったようである。別の伝承では、徳川家康が戦いに敗れて逃げている時、田圃で働いていた中野村（磐田市）の四郎左衛門は、着ていた野良衣と蓑笠を着せて、家康を百姓姿にしたので敵に気付かれずに助かった。その礼として「蓑姓」と「笠形の紋」を賜ったという。

＊水鳥（ミズドリ）江戸時代初期、先祖の正勝は、駿府弥勒町（静岡市）に住む。子孫の正助は、紀伊藩主がこの地を通行中、安倍川の中に差添え（刀）を落とした時、水中に潜って捜し当てて献じたので、「水鳥のようだ」と賞され「水鳥姓」を賜ったという。

＊森知加（モリチカ）磐田郡山東村（天竜市）の乗吉座大明神の神主家の先祖二人が、徳川家康に勝栗を献上し、一人は「乗吉姓」、一人は「森知加姓」を賜ったと伝える。

四　静岡県内の珍しい名字

1　珍しい名字とは（珍姓の定義）

「珍姓」「奇姓」と言う「言葉」はよく使うが、実際には、「珍奇」の類に入るか否かを区別する基準は無い。

長年の「名字」の研究により、筆者が定めた「珍奇姓」の定義とその分類の区分は、「名字」関係の識者の間で広く「珍奇姓」の基準として利用されている。

「珍奇」の基準の基本は、その「名字」をめったに見聞する事が無いという「見聞の頻度」の稀少であるから、その「名字」の数が極めて少なくなければならないという事になる。しかし、その「名字」の人が、近所の住人であったり、親戚や友人であったり、あるいは、有名人になったりすると、テレビ、ラジオや新聞等の情報で見聞の度合が多くなるので、「珍奇性」は薄らいでしまい、「珍奇姓」では無くなってしまうように思う事もあるが、基本的には、「珍奇姓」を区分する各基準に該当すれば、やはり「稀少な珍しい名字」という事で取扱いする事にしている。

「珍姓」の区分は、「名字」の「文字」とその「読み方（音訓）」にあり、次に示す通り大別できる。珍奇姓に共通する基本条件は、先ず「稀少姓」であるという事である。

「文字」については、

（一）「難字姓」……画数が多く、難しい文字の名字。

（二）「有意姓」……一字一字は普通の意味だが、単語として意味があるような名字。

（三）「意外姓」……名字としては意外に思う文字の名字。

「意外姓」には「尺度」「月日」「天文・気象」「官職名、職業名」「縁起のよい文字」「宗教」などに因む名字などいろいろあり、内容を定義し限定することは難しい。

（四）「多文字姓」……文字の数が多い名字（四字以上）。

「音訓」については、

（一）「難読姓」……正規の読み方であるが、「古語」など読みが難しい文字の名字。

（二）「珍読姓」……故事付け読みで、まともに読まない名字。（代表的な珍奇姓）

（三）「単音姓」……文字が一字一音の名字。

（四）「重箱読み姓」……音と訓が混ざった読みの名字。

（五）「多フリガナ姓」……フリガナを付けると、字数が多い名字（六字以上）。

などに区分できる。

一般的には「珍奇な名字」であっても、その「名字」をよく知っている人達にとっては、普通の「名字」と変わり無く「呼称」も「記録」もできるので、「珍奇姓」という感覚は、その「名字」を認識していない一般の人達よりも遥かに希薄である。

特に、「珍奇姓」は特定の地域に集まっている傾向があるので、地方や地域によって感覚が変化し、個人感覚に於ては当然、個人差が大きくある事は否めない。従って、「珍奇姓」の定義はできても、正確な基準とは断定できないという事である。

「珍奇姓」に該当する「名字」は、今までに発刊された「姓氏」や「名字」関係の多くの書物に掲載されていて、全国的視野で公表されているし、情報社会の今日では、テレビ、ラジオ、新聞、雑誌やインターネットなどで安易に見聞して認識することができるので、「珍奇」と感じる度合は昔より少なくなっているのかも知れない。

2 難しい文字の名字（難字姓）（画数が多く珍しい名字）

日常、目に触れる事が少ない画数の多い難しい文字を使用した名字で、一度見ただけでは書けないような難しい字体の名字である。

一般の「辞書」に載っていない画数の多い「旧字」や「俗字」などであり、誤字も結構入っているが、こういう名字の人は日常生活では、正式な書類以外は当用漢字や略字を使用する事が多いので案外気付かない事が多い。

次に、静岡県内の名字の中から該当する文字の名字の例を挙げる。この他にも多くあるが、同じ頭文字は極力避けてある。

龝吉（アキヨシ）
鰺坂（アジサカ）
疇地（アゼチ）
礒部（イソベ）
鑄物（イモノ）
鱗川（ウロコガワ）
嬉野（ウレシノ）
鵜殿（ウドノ）
大檣（オオノギ）
鴛海（オシウミ）
朧谷（オボロヤ）
織裳（オリモ）
蛎崎（カキザキ）
鍛冶（カジ）
嘉祥寺（カジョウジ）
鐘鋳（カネイ）
驥本（キモト）
教誓（キョウセイ）
轡田（クツワダ）
鞍智（クラチ）
纐纈（コウケツ）
聲高（コエダカ）
薦野（コモノ）
菰渕（コモフチ）
權田（ゴンダ）
齋藤（サイトウ）
嵯峨（サガ）
鷺巣（サギス）
櫻庭（サクラバ）
薩摩（サツマ）
鮫島（サメシマ）
猿渡（サルワタリ）
賤機（シズハタ）
守随（シュズイ）
修多羅（シュタラ）
鋤柄（スキガラ）
鱸（スズキ）
鷲見（スミ）
錢袋（ゼニフクロ）
曽雌（ソシ）
醍醐（ダイゴ）
樽味（タルミ）
鷹觜（タカハシ）
瀧浪（タキナミ）
建穂（タケホ）
橘薗（タチバナゾノ）
樽脇（タルワキ）
鶴飼（ツルガイ）
靏長（ツルチョウ）
霍間（ツルマ）
靹[illegible]（トモフサ）
柳楽（ナギラ）

灘波（ナダナミ）　縄巻（ナワマキ）　濁澤（ニゴリザワ）　錦織（ニシキオリ）
縫島（ヌイジマ）　糠塚（ヌカツカ）　楙島（ヌデシマ）　櫨木（ハゼギ）
幡鎌（ハタガマ）　籏智（ハタチ）　蜂屋（ハチヤ）　濱頭（ハマカシラ）
榛澤（ハンザワ）　盤若（ハンニャ）　樋尾（ヒオ）　飛鷹（ヒダカ）
櫃間（ヒツマ）　雛田（ヒナダ）　簸馬（ヒルマ）　鰭崎（ヒレサキ）
批榔（ヒロウ）　廣嶋（ヒロシマ）　鬢櫛（ビンクシ）　復慶（フクケイ）
福壽（フクジュ）　藤懸（フジカケ）　鮒橋（フナハシ）　粳田（フルダ）
觸澤（フレサワ）　遍照（ヘンショウ）　辨森（ベンモリ）　寶萊（ホウライ）
袰岩（ホロイワ）　松濤（マツナミ）　儘田（ママダ）　薬袋（ミナイ）
瞰野（ミルノ）　緩鹿（ヤルシカ）　鷲瀧（ワシタキ）　鰐渕（ワニフチ）

3　文字に意味ありげな名字（有意姓）

（単語として何か意味があるような名字）

「有意姓」とは、「名字」の「文字」を一字ずつ見れば、格別に特色の意味がある「文字」ではないが、その「文字が組み合わさって一つの名字」となると、珍しい意味を持つ単語となる「名字」である。

その意味に対する連想には個人差がある事は確かであるが、一般的に、何かの意味を秘めていて、創姓の由来があると思えるような感触のある「名字」である。

テレビ、ラジオや新聞、雑誌などで「珍姓奇姓」として話題に上るのは、この種の名字と故事付け読みの名字である。

この分類に入る名字は県内にも数多くあるが、「読み」よりも「文字」に重点を置いて選出して次に掲げる。「一文字姓」は除外してある。

赤髭（アカヒゲ）　安喰（アグイ）　安食（アジキ）　朝立（アサダチ）
雨夜（アマヨ）　飯箸（イイハシ）　碇矢（イカリヤ）　活洲（イケス）
居城（イジロ）　磯遊（イソユウ）　浮気（ウキ・ウキギ・ウケ・フケ）
薄衣（ウスギヌ）　有働（ウドウ）　雲乗（ウンジョウ）　運勢（ウンセイ）
追掛（オイカケ）　追立（オイタテ）　大金（オオガネ）　大尻（オオシリ）
大頭（オオズ）　大空（オオゾラ）　大縄橋（オオナワバシ）　開発（カイハツ）
海宝（カイホウ）　風祭（カザマツリ）　可知（カチ）　勝手（カッテ）
勝連（カツラ）　家徳（カトク）　門松（カドマツ）　金高（カネダカ）
金持（カナモチ）　稼農（カノウ）　鴨狩（カモガリ）　歌門（カモン）
川人（カワヒト）　甘庶（カンショ）　漢人（カンド）　関東（カントウ）
帰依（キエ）　祇園（ギオン）　来住（キシ）　稀代（キダイ）

希代（キダイ）
来迎（キコム）
倉持（クラモチ）
黒子（クロコ）
鯉登（コイト）
国立（コクリュウ）
寒風沢（サブサワ）
紙上（シカミ）
悉知（シッチ）
七五三（シメ）
白髭（シラヒゲ）
銭袋（ゼニフクロ）
高買（タカガイ）
一寸木（チョッキ）
天竺（テンジク）
夏秋（ナツアキ）

切手（キリテ）
行司（ギョウジ）
蔵持（クラモチ）
源平（ゲンペイ）
剛力（ゴウリキ）
腰高（コシダカ）
猿楽（サルガク）
獅子（シシ）
地主（ジヌシ）
釈随（シャクズイ）
神代（シンシロ）
大学（ダイガク）
高三（タカサン）
綱取（ツナトリ）
百々（ドド）
百鬼（ナキリ）

貴答（キトウ）
記録（キロク）
繰上（クリアゲ）
剣持（ケンモチ）
興亜（コウア）
西行（サイギョウ）
猿渡（サルワタリ）
獅子吼（シシク）
四分一（シブイチ）
蛇沼（ジャヌマ）
強矢（スネヤ）
大工（ダイク）
玉腰（タマコシ）
出納（デノウ）
飛渡（トビワタ）
新妻（ニイヅマ）

寄特（キトク）
国富（クニトミ）
輦止（クルマドメ）
劔持（ケンモチ）
聲高（コエダカ）
流石（サスガ）
色摩（シカマ）
寺社（ジシャ）
〆木（シメキ）
守随（シュズイ）
昔農（セキノウ）
千年（チネン）
大力（ダイリキ）
出向（デムキ）
崩前（ナギマエ）
新楽（ニイラク）

似鳥（ニトリ）
蜂巣（ハチス）
孕石（ハラミイシ）
人形（ヒトカタ）
布施（フセ）
不破（フワ）
本望（ホンモウ）
未至磨（ミシマ）
見張（ミハリ）
百足（ムカデ）
物部（モノベ）
弓納持（ユナモチ）
養老（ヨウロウ）
良知（ラチ）
和歌（ワカ）

二分（ニブ）
廿日出（ハツカデ）
番匠（バンショウ）
人首（ヒトカベ）
不知（フチ）
浦鬼（ホキ）
磨呂（マロ）
御手洗（ミタライ）
美馬（ミマ）
武舎（ムシャ）
百海（モノミ）
湯舟（ユブネ）
吉相（ヨシアイ）
龍光（リュウコウ）
我妻（ワガツマ）

農人（ノウト）　野露（ノツユ）
花形（ハナガタ）　早馬（ハヤウマ）
日暮（ヒグレ）　飛鷹（ヒタカ）
一二三（ヒフミ）　晝間（ヒルマ）
不動（フドウ）　風呂（フロ）
本名（ホンナ）　本目（ホンメ）
万年（マンネン）　萬年（マンネン）
味知（ミチ）　三尋木（ミヒロギ）
御守（ミモリ）　三馬（ミンマ）
目代（モクダイ）　母袋（モタイ）
諸鍛冶（モロカジ）　八文字（ヤツモジ）
萬木（ユルキ）　緩鹿（ユルシカ）
義家（ヨシイエ）　米持（ヨナモチ）
漁士（リョウシ）　漁師（リョウシ）
若命（ワカメイ）など。

4　難しい読み方の名字（難読姓）（正規の読みであるが読みが難しい名字）

日本の「文字」の「読み方」は難しい。先ず「音（オン）」と「訓（クン）」があり、「音」には、伝来した時代の中国の「読み」が「漢音」「呉音」「唐音」「宋音」など、「発音」が異なり、「訓」は「和訓」ともいい、日本独自の「発音」の言葉である。

それに加えて、「二字姓」以上の「名字」の中には、「音」と「訓」が混ざった、いわゆる「重箱読み」もあるし、地方の「訛言」「方言」により転訛されたり、省音、加音して読み易く変化させたり、などなど、「文字」は同じであっても、必ずしも「読み方」は同じではないという、「難読姓」が極めて多い。

歴史に出てくる「姓氏」や「名字」の「文字」は、難字、難読の「文字」であっても、読み慣れているので、何気なく読んだり書いたりしているが、「常用漢字」の辞書では見当らない、日常生活ではあまり見聞した事のない「文字」を使った難読の「名字」は意外に数多くある。

「読み」が同じで「文字」が違うという例は普通のことで、「文字」が同じでも、「読み」が全く異なる「名字」も極めて多くあるから戸惑う。

例えば、静岡県の中部地区に多い「池谷」は「イケタニ」「イケガヤ」「イケノヤ」「イケヤ」の「読み」があり、電話帳で探す時は、「池」の字の付く「名字」の中で、「タ」「ガ」

「ノ」「ヤ」の四カ所を見る事になる。電話で耳から聞く場合は、「読み」の問題は解決するが、「イケノヤ」「イケガヤ」には「池谷」だけでなく、「池ノ谷」「池之谷」「池野谷」「池ケ谷」もあるから苦労する。ところがこの類の「名字」はざらにあり、この程度では普通の事で、難読の「珍姓」には入らない。

ここで言う「珍姓」の中の「難読姓」は、一字一字は誰でも読めるさほど困難な読みの「文字」ではないが、二字以上が組み合わさって一つの「名字」となると、簡単には読めなくなる「名字」である。

その「読み方」は決して「故事付け読み」ではないが、常用漢字に含まれない「文字」や日常生活において、あまり見聞しない「文字」や「読み」で、「読み方」を聞けば、成程とうなずける読みが多いので、国語に造詣が深く、歴史に出る古語や各地の地名などに詳しければ、案外簡単に読めるかも知れない「名字」ではある。

「難読姓」は意外に多くあるので身近にあるような名字を選出して挙げ、紙面の都合で大幅に省略してある。

「一文字姓」の中には該当する「難読姓」が極めて多くあるが、「五—8 一文字の名字」の項に掲記し、ここでは割愛する事とした。＊印は静岡県内にある名字を示す。

饗庭（アエバ）　＊安曇（アズミ）　遊部（アソベ）　＊畔柳（アゼヤナギ）

＊安楽城（アラキ）
田舎（イナカ）
戌亥（イヌイ）
＊磨井（ウスイ）
垂髪（ウナイ）
＊笈沼（オイヌマ）
＊翁長（オキナガ）
重石（オモリ）
＊椢原（カクハラ）
曲尺（カネジャク）
＊神服部（カミハトリベ）
＊稀代（キダイ）
＊教誓（キョウセイ）
＊神代（クマシロ）
＊興梠（コウロギ）
＊三枝（サエグサ）

＊五十嵐（イガラシ）
砂盃（イサハイ）
＊指宿（イブスキ）
＊碓氷（ウスイ）
雲丹（ウニ）
＊正親（オオギ）
＊刑部（オサカベ）
＊嘉悦（カエツ）
＊帷子（カタビラ）
上水流（カミツル）
吉吉（キチヨシ）
＊日下部（クサカベ）
＊紅林（クレバヤシ）
＊小岱（コノタ）
＊五月女（サオトメ）

＊五十公野（イズミノ）
石飛（イシトビ）
＊井邑（イムラ）
＊雅楽代（ウタシロ）
＊楳谷（ウメタニ）
＊大豆生田（オオマメウダ）
＊小山内（オサナイ）
＊各務（カガミ）
無門（カドナシ）
＊掃部（カモン）
＊上林（カンバヤシ）
鬼無（キナシ）
＊日馬（クサマ）
小圷（コアクツ）
＊権守（ゴンノカミ）
楽楽（ササ）

＊石動（イスルギ）
＊鴨脚（イチョウ）
＊弥永（イヤナガ）
＊打保（ウテホ）
烏帽子（エボシ）
遠近（オチコチ）
杜若（カキツバタ）
＊上遠野（カドノ）
＊掬池（キクチ）
＊浄住（キヨズミ）
＊国東（クニサキ）
＊纐纈（コウケツ）
＊税所（サイショ）
雀部（サキベ）

*貴家（サスガ）
*左部（サトリ）
倭・倭文（シトリ）
*主馬（シュメ）
*勧山（ススヤマ）
蘇我（ソガ）
*内匠（タクミ）
帯刀（タテワキ）
*柘植（ツゲ）
*一二三（ヒフミ）
*手老（テロウ）
戸破（トバリ）
*七種（ナナクサ）
*温水（ヌクミズ）
*初鹿野（ハジカノ）
*人首（ヒトカベ）

眼目（サッカ）
*獅子吼（シシク）
*東雲（シノノメ）
*守随（シュズイ）
*強矢（スネヤ）
*十八公（ソヤギミ）
*七夕（タナバタ）
谷谷（タニガエ）
*都築（ツヅキ）
*角皆（ツノガイ）
*當摩（トウマ）
*半井（ナカライ）
*生天目（ナマタメ）
*子上（ネガミ）
*外立（ハシダテ）
*倭文（ヒドリ）

五月女（サツキメ）
歯朶（シダ）
*注連野（シメノ）
*上口（ショウクチ）
*妹尾（セノウ）
平等（タイラ）
*店橋（タナハシ）
*帖佐（チョウサ）
*土射津（ツチイズ）
*水流（ツル）
木賊（トクサ）
*崩前（ナギマエ）
百鬼（ナリキ）
*法橋（ノリハシ）
*櫨山（ハゼヤマ）
*氷室（ヒムロ）

*禅州（サトス）
*設楽（シダラ）
*七五三（シメ）
*村主（スグリ）
*先生（センジョウ）
聳城（タカギ）
*刀川（タチカワ）
*一寸木（チョットギ）
*甘楽（ツヅラ）
*勅使川原（テシガワラ）
*百々（ドド）
*柳楽（ナギラ）
*仁瓶（ニヘイ）
*土師（ハジ）
日首（ヒソメ）
平平（ヒラタイラ）

*蛭海（ヒルミ）　毒島（ブスジマ）　*日置（ヒオキ・ヘキ）　*祝部（ホウリベ）
*弥栄（ミエ）　*造酒（ミキ）　*三改木（ミゾロギ）　*御手洗（ミタライ）
*瞰野（ミルノ）　*百足（ムカデ）　狢澤（ムジナザワ）　妻鳥（メンドリ）
*毛受（メンジュ）　*目代（モクダイ）　*百海（モモミ）　*師岡（モロオカ）
*両角（モロズミ）　*保田（ヤスダ）　養父（ヤブ）　万木（ユスルギ）
*緩鹿（ユルシカ）　*良知（ラチ）　類家（ルイケ）　六波羅（ロクハラ）
*早稲倉（ワセクラ）

☆「百」の文字の「読み方」

名字の中には「百」の文字のつく名字がある。「数が多い」「いろいろな」「縁起がよい」などの意味で、名字や地名に「百」の文字をつけたと考えられるが、その「読み方」はいろいろある。

「実用、難読奇姓辞典」（篠崎晃雄著）より「百」の「文字」の「読み方」の種類例を引用し次に挙げる。「百」の字の同じ読みは省略してある。*印は静岡県内にある名字。

*「百武」（ヒャクタケ）　*「百々」（ドド・ドウド・ササ）
「百目木」（ドウメキ・モメキ）　*「百瀬」（モモセ）

＊「百々路」（モモジ）
＊「百足」（ムカデ・モモタリ）
「百盤」（イニワ）
「百舌鳥」（モズ・クズ）
「百木田」（カラキタ）
「百木鬼」（テメキ・モメキ）
「百間」（モンマ・ヒャクマ）
＊「百合島」（ユリシマ）
＊「八百木」（ヤオギ）
「百鬼」（ナリキ・キナリ）
「百済」（クダラ・ヒャクサイ）
「百家」（ハッケ・モモカ）
「百度」（ズンド）
「百面相」（トドメキ・ドウメキ）
「百雲」（モクモ）、「百岡」（ホドオカ）
「百連沢」（ホンドザワ）

★当用漢字、旧漢字、俗字

名字に多く使用されている文字の中で、「当用漢字、旧漢字、俗字」の例を挙げる。戸籍簿に登載されている名字の文字は旧漢字が大部分を占めるが、その中には俗字、誤字も多く含まれている。

戸籍簿が初めて作成された明治初期は、庶民の中には漢字を読めない人、漢字を書けない人が多くあり、当時初めて戸籍事務に携わった人は、元は武士であった人とか、村方の中で学問のある知識人であったらしいが、日常生活では現在の辞書でいう俗字や誤字が多く使用されていたので、当時の教育状況を推考すれば、戸籍簿に俗字や誤字が記載されていても致し方なかったのであろう。

俗字の中には、略字もあるが、文字の偏（ヘン）が旁（ツクリ）の上に乗り冠（カンムリ）になった文字がある。例としては「嶋」が「嶌」、「峰」が「峯」、「松」が「枩」などである。

次に、日常生活では、戸籍簿に登載されている正規の文字でなく、簡単な当用漢字を使用している人は意外に多いので、戸籍簿に登載されている正規の文字（正字、旧字、俗字、略字、誤字）よりも、当用漢字を多く使用している名字の文字を例示する。

先祖からの文字にこだわらず戸籍簿の文字を当用漢字に改めた実効型の人もある。

（ ）外は当用漢字、（ ）内は旧字、俗字、略字、誤字と言われている文字を示す。

県（縣）、浅（淺）、磯（礒）、糸（絲）、稲（稻）、栄（榮）、円（圓）、会（會）

学（學）、篭（籠）、竃（竈）、亀（龜）、軽（輕）、来（來）、蔵（藏）、桑（桒）

国（國）、芸（藝）、声（聲）、権（權）、座（坐）、斎（齋・齊・斉）

崎（﨑・嵜）、桜（櫻）、沢（澤）、参（參）、塩（鹽）、実（實）、島（嶋・嶌）

条（條）、渋（澁）、釈（釋）、寿（壽）、真（眞）、寿（壽）、垂（埀）、数（數）

桟（棧）、銭（錢）、多（夛）、台（臺）、宝（寶）、滝（瀧）、竜（龍）、館（舘）

団（團）、図（圖）、対（對）、継（繼）、続（續）、経（經）、鉄（鐵）、伝（傳）
富（冨）、当（當）、豊（豐）、野（埜・墅）、乗（乘）、発（發）、橋（槗）
浜（濱・濵）、広（廣）、桧（檜）、昼（晝）、仏（佛）、船（舩）、渕（淵）
辺（邊・邉）、弁（辨）、槙（槇）、松（枩・枀）、万（萬）、峰（峯）、弥（彌）
麦（麥）、薬（藥）、柳（栁）、薮（藪）、与（與）、予（豫）、余（餘）、両（兩）

5　故事付け読みの名字（珍読姓）（文字の読み方とは無関係の読みの名字）

この項で述べる「珍読姓」とは、「文字」をまともに読まないで、故事付け読みする「名字」である。いわば奇想天外の「読み方」であるが、その「読み方」から連想するものが、「文字」に関係するものもある。

テレビやラジオで「珍姓・奇姓」と呼ばれている「名字」の多くはこの類の入る「名字」であり、「珍姓・奇姓」として最も話題の種になる「名字」であるが、単なる地名に因んだ「名字」とは違ってそれぞれ立派な由来があり、この「名字」を名乗る子孫は誇りを持っている「由緒ある名字」と言える。

この中から選出した「珍読姓」は次項の「珍姓の由来」の項で、説明を加えてある。

次に静岡県内の「珍読姓」を列記する。「珍読」の定義は判然としないが、一般に「珍読姓」と呼ばれる「名字」は静岡県内にも意外に多いので大幅に削除したが、全国的に特に珍奇な故事付け読みの名字は参考として挙げてある。
「一字姓」の中にも「珍読姓」が多くあるが、「一字姓」は別項に掲記するので、この項では省略してある。・印は県内には無い「名字」を示す。

四十川（アイカワ）　・英賀（アガ）　粟飯原（アイハラ）
東江（アガリエ）　・此口（アザ）　生明（アザミ）
・兄父（アジチ）　安心院（アジム）　丁嵐（アタラシ）
安楽城（アラキ）　阿武（アンブ）　五十里（イカリ）
砂金（イサゴ）　・飯酒盃（イサハイ）　五十公野（イズミノ）
砂子田（イサゴダ）　石動（イスルギ）　鴨脚（イチョウ）
・十時（イヌヌキ）　豚座（イノザ）　・一口（イモアライ）
五十右（イミギ）　五十子（イラコ）　五百蔵（イヨロイ）
・不入斗（イリヤマズ）　磨井（ウスイ）　祖母谷（ウバタニ）
・上温湯（ウワヌリ）　・愛水（エミ）　・可笑内（オカシナイ）
枷場（カサバ）　我如古（カネコ）　十七夜月（カノウ）
一尺八寸（カマツカ）　・一尺五寸・一尺六寸（カマツカ）　・汾陽（カワミナミ）

・葱花（ギボウ）
・十八成（ククナリ）
功刀、功刀（クヌギ）
香焼（コウタキ）
・樹神（コダマ）
・半場（コバ）
楽々浦（ササラ）
粟冠（サッカ）
左部（サトリ）
四十万谷（シジマヤ）
東海林（ショウジ）
瑞慶山（ズケヤマ）
・内廻（セド）
左右田（ソウダ）
・小鳥遊（タカナシ）
・日日日（タソガレ）

木全（キマタ）
日下（クサカ）
神代（クマシロ）
興梠（コウロギ）
・東泊（コチドマリ）
道祖土（サイド）
貴家（サスガ、キカ）
・五月女（サツキメ）
寒風沢（サブザワ）
・下温湯（シモヌリ）
守随（シュズイ）
強矢（スネヤ）
先生（センジョウ）
都木（タカギ）
財部（タカラベ）
・月日（タチゴリ）

雲母（キララ）
・七寸五分（クズハタ）
源平（ゲンペイ）
桑折（コオリ）
・許斐（コノミ）
・十八女・十八才（サカリ）
流石（サスガ）
禅州（サトス）
色摩（シカマ）
七五三木（シメキ）
例鎌（スガマ）
鷲見（スミ）
左右都（ソウト）
・京義（タカギ）
・色巧（タコウ）
・朔晦（タチゴリ）

千明（チアキ）
地鯉鮒（チリフ）
・九十九（ツクモ）
甘楽（ツヅラ）
・百成（ドウメキ）
百々（ドド）
柳楽（ナギラ）
・百鬼（ナリキ）
・子子子（ネコシ）
法幡（ノリハタ）
日景（ヒカゲ）
月出（ヒタチ・ヒデ）
倭文（ヒドリ）
日當（ヒナタ）
藤墳（フジツカ）
八月一日（ホズミ）

千装（チギラ）　一寸木（チョットギ）など。
土射津（ツイヅ）　・廿五里・（ツイヘジ）
江蒲（ツクモ）　黄楊（ツゲ）
黒葛原（ツヅラハラ）　礫石（ツブテイシ）
鯨津（トキツ）　・野老（トコロ）
半井（ナカライ）　崩前（ナギマエ）
青天目（ナマタメ）　行方（ナメカタ）
愛徳（ナルトク）　温水（ヌクミズ）
合歓垣（ネムガキ）　禾本（ノギモト）
・塀和（ハガ）　泗川（ハナカワ）
・寒蟬（ヒグラシ）　泥谷（ヒタチ）
・十二月一日・十二月朔日（ヒヅメ・ヒナシ）
・十二月三十日・十二月晦日（ヒヅメ、ヒナシ）
一二三（ヒフミ）　柊迫（フキサコ）
・喰代（ホウジロ）　祝田（ホウリダ）
猿子（マシコ）　松七五三（マツシメ）

・下田（ミサダ）　三改木（ミゾロギ）　・海琳（ミタマ）
御手洗（ミタライ）　薬袋（ミナイ）　三馬（ミンマ）
六平（ムサカ）　・八道（ムサシ）　妻鹿（メカ）
・校條（メジョウ）　毛受（メンジュ）　月見里（ヤマナシ）
良辺（ヤヤベ）　萬木（ユスルギ）　・四十八願（ヨイナラ・ヨソナラ）
・丁野（ヨボロノ）　・四月一日（ワタヌキ）　・六月一日（ワタヌキ・ウリハリ）

6　珍しい名字の由来（珍奇姓）

どんな「姓氏」「名字」にもそれなりの貴重な「発祥の由来」がある。「地名」から発祥した「名字」は、その地に居住したとか、その地が所領地であったからとか、父祖の縁の地であったとかの理由で創姓したのであるから、その「地名」が珍らしい名称でなければ、「珍姓」とはならないのである。

「地名」以外の「名称」や「言語」に因んだ「名字」は、自由意思で創姓したのであるから、奇想天外の発想により発祥した「珍姓」と呼ばれる「名字」が数多くある。

それらの「名字」には、それなりの珍しい創姓の由来の伝承や伝説がある筈であるが、その殆どは「発祥の由来」が不詳である。

「珍姓の由来」を記述した書籍も数あるが、納得できる由来は仲々見当らない。次に、諸書の中で妥当と考えられる由来のある「名字」や、「文字」が故事付けなどにより難読になった「名字」などを挙げて、その由来を紐解いてみよう。

＊「按察」（アジチ）

「按察使」の職名の「按察（アゼチ）」に因むという。「按察使制度」は、奈良時代の養老三年（七一九）に、国司の非行を糺し民情を査察する為に創設された地方行政の監督官吏であり、「続日本紀」養老五年六月条には「民の父母、独按察在」とあるように、活用されたが、国司自身が按察使を兼ねる事などの問題もあり、平安時代には全く形骸化した。しかし名目だけが明治三年九月の「按察使被廃候事」まで残っていた。「アジチ」「アゼチ」の「名字」には、いろいろな当て字があるが、石川県には多いという。

＊「雨夜」（アマヨ）

武田信玄の家臣で旗奉行を勤めた覚斎が、命じられた「雨の夜でも火の消えない松脂を固めた松明」を開発した功により、信玄より「雨夜姓」を賜ったという伝承がある。史書では「雨夜姓」は、源満政の六代孫、善斎家斎の後裔の家正の弟が「雨夜太郎守正」と称したのが始まりとあり、覚斎以前に「雨夜姓」があり、覚斎はその一族であったと考えられる。「雨夜氏」は島田市などに現住する。（「三―2賜姓の由来」を参照）

＊「一円・一圓」（イチエン）

高知県に多い「名字」である。「一円」は価格の一円ではなく、「周囲一円」などの「広い範囲」を表す言葉から出た「地名」であろうか。土佐国（高知県）の羽根城主に「一円但馬守」があり、初代の高知市長は「一円姓」である。県内にも一圓姓がある。

＊「一番合戦・一番ケ瀬」（イチマカセ）

佐賀県背振村の一番合戦（イチバンガセ）は、九州に下向した後鳥羽上皇がこの地で賊に襲われ、その時、一番、合戦を挑んだという伝承があるが、この地はもともと「一番ケ瀬」と書き、「禊（ミソギ）」の重要な神事や占事を行った神聖な場所という意味の「曲瀬（マガセ）」で、流れが最も極端な所であるという意味から「一番曲瀬」と名付けられたという。「一番合戦」「一番ケ瀬」の名字は、「一番曲瀬」が転訛した言いで、この名字は発祥地の脊振村や佐賀市を中心にして北九州、関西地方に多く分布する。

＊「鴨脚」（イチョウ）

樹木の「イチョウ」は国字で「銀杏・公孫樹」と書くが、中国から渡来した時の「原語」は「鴨脚子」と書き、「イチァォ」が「原音」という。日本名「銀杏」は中国から伝来した植物であるから、中国の原字「鴨脚」と「原語」の「イチョウ」をそのまま使用して「名字」としているのだという。県内に現存する。

＊「外郎」（ウイロウ）

「ういろう（外郎）」は、中国では定員外の職員で、権（仮）官を指す。室町時代に日本に帰化した陳宗敬の子孫が「外郎（ウイロウ）」と名乗った。この「外郎家」は代々、医道をもって小田原北條氏に仕え、北條氏綱に献上した丸薬が評判になって「ウイロウ」の名で広まったという。名古屋名物の「ういろう」は、色が同じ事から名付けられたという。

＊「薄衣」（ウスギヌ）

明応（一四九二〜一五〇一）の頃、陸中国（岩手県）の葛西一族に「薄衣美濃入道」がある。城を包囲されて篭城した時、「薄衣」の布を用いて援軍を呼ぶ書状を認めて持たせた事に因んで称したという。県内に現存する。

＊「浮気」（ウキギ・ウケ・ウキ・ウキゲ）

「アワキ」と読めば、珍奇性はさらに高くなるだろうが、「名字」としての「浮気」の多くは「ウキギ」と読む。「ウキギ」は「浮木」であり、「ウキ」は宇岐、浮などの当て字があり、古代の神事に使用した盃を意味するという。近江国（滋賀県）にはこの地名があるという。県内では「ウキゲ」と読む。

＊「六月一日」「八月一五日」（ウリハリ）

旧暦の六月一日頃は「瓜の蔓が伸びて広く張る時期」である事に因み、「六月一日」を

「瓜張り（ウリハリ）」と読む「名字」という。「八月十五日」と書く「名字」も「ウリハリ」と読み、同様の意味という。

＊「小粥」（オガユ・コガユ）

「名字」の発祥の「伝承」に平安時代と戦国時代の二話がある。平安時代という「伝承」は、源義朝が平治の乱（一一五九）に敗れて落ちて行く時、「小粥氏」の先祖の藤右衛門が粥を献じた事に因むという。戦国時代という「伝承」は、三方原の戦いに敗れて逃げる徳川家康が立ち寄り、粥を食わせて貰った礼として家康より「小粥姓」を賜ったという。（「三―2賜姓の由来」を参照）

＊「十七夜月・十八夜月」（カノウ）

どちらも「カノウ（カナウ）」と読む。又、「夜」が上で「月」が下の一文字となっている「名字」もあり、「十七脊」「十八脊」と書くのもある。「カノウ」は「叶う」の意味で、昔の月信仰から起こった「読み方」と言われている。月に願をかけ、十七（十八）日目の夜、その願いが叶えられるという事に因んだ「名字」である。「名字」として使用しているからには、創姓の先祖は、かけた願が叶えられたので「名字」としたのかも知れない。本姓は加納ともいう。県内には十七脊がある。

＊「一尺五寸・一尺六寸・一尺八寸」（カマツカ・カマノエ）

「尺五寸・尺六寸・尺八寸」もあるが、「読み」は皆同じ。寸法は違っても「鎌の柄（エ・ツカ）」に因んだ「名字」という。鎌の柄は、草刈り、稲刈り、枝落としなど、その用途に応じて、あるいは地方によって「柄の長さ」が異なるというが、「鎌の柄」である事に変わりない。「鎌塚」「鎌束」の「名字」から故事付け文字に替え、もとはその一族とも言われるが、関東、東海、北陸地方などに散在している。県内は一尺八寸と書く。

＊「上」（カミ・ショウ・ウエ）

「上・中・下」とか、「大・中・小」とか、「東・西・南・北」とか、対称的な「文字」の付いた「名字」は限りなく多くある。その基準はいろいろあるが、「村名」などは最初形成された村落が「本村」で「中村」となり、その後に形成された村落は、上側が「上村」、下側が「下村」と名付けられる。「上」の「名字」も基準となった「中」「本」「元」に対する土地の高低や位置、方向から創姓した「名字」である。「読み方」は「音（オン）」で「ショウ」とか、和訓で「カミ」「ウエ」とか読む。県内は和訓読み。「上位」という意味もあると言われ、誇りある「名字」である。対称的な「下（シモ）」姓もあり、「上下（ジョウゲ・ウエシタ・カミシモ）姓」もある。

＊「希代・稀代」（キダイ）

鎌倉時代、先祖が鎌倉将軍に矢の根を鍛えて献上したところ、「希代なる物である」と賞され、「希代」の「名字」を賜ったという。「希（稀）代」とは「世に稀少なもの」という意味である。この家は代々、鍛冶頭で、子孫は甲斐国都留郡谷村（都留市）に住み、慶長（一五九六～一六一五）の頃は、「希代」と書かれている。今は「希代姓」より「稀代姓」が多いようである。（「三―2賜姓の由来」を参照）

＊「鬼頭」（キトウ）

岐阜県から愛知県にかけて多く存在する「名字」である。一説では、「鬼族」の「鬼姓」は、「一鬼（イッキ）」から「九鬼（クキ）」まであり、数字の多いほど格が上で、「鬼頭」は「鬼族」の頭であったというが真偽は不明。「百鬼（ナリキ）」もあるが、これは「鬼族」ではないらしい。又、言う。「鬼」は「紀」、「頭」は「藤」を替えたもので、「紀姓」と「藤原姓」の混合姓「紀藤」と同姓ともいう。県内にも現存する。

＊「葱花」（ギボウ）

「葱花」は野菜の「葱（ネギ）の花」である。「葱の花」は、擬宝珠（ギボウシュ）の形と似ているので、「ギボウシ・ギボウ」とも呼ぶ。葱は、ユリ科の多年性植物で、夏、長い花茎にじょうご状の淡紫色の花が咲く。橋の欄干の柱の頭に着ける飾りは、形が似ているので擬宝珠（ギボシとも）という。この「名字」は、「葱の花」から採ったのか、「擬宝珠」に因んだのか、橋の欄干にあやかったのか、定かではない。

＊「纐纈」（コウケツ・ククリ）

「コウケツ」の「名字」の「文字」には、糸偏と示偏と米偏がある。字体は異なっても、意味も音読も同じである。正字は「纐纈」で、平安末期に纐纈源五郎盛安があり、美濃国久久利村から発祥した「名字」という。この村は、昔は「括り（久久利）染め」とも呼ばれた「纐纈染め」の生産地であった事から「久久利村」と名付けたと伝えられる。奈良時代には、臈纈（ロウケツ）、夾纈（キョウケツ）、纐纈が三大染織法で、「纐纈染め」は布地を糸で括って染めるから「ククリ」「ククリ染め」とも言った。中国大陸から渡来した技術者達によって染色法は広まり、飛鳥、奈良時代、女性の裳や唐衣の染色にこの「纐纈染め」が用いられた。

「纐纈染め」は、今で言うと「くくり染め」で、「鹿の子まだら」であり、それが菊の花に似ているので「纐纈」と書いて、「キクトジ」「ハナブサ」と読む「名字」もある。その染織技術集団が昔住んだ土地が、美濃国の久久利村（可児市）であり、「ククリ姓」は「纐纈」の字を当てた「名字」である。「日本書紀」に「泳宮（ククリノミヤ）」があり、「万葉集」で「八十一隣宮」と書くのは、九（ク）×九（ク）＝八一の掛算の応用という。

「纐纈姓」は発祥地の美濃国から三河、尾張国（愛知県）に広まり、名古屋市に最も多く分布するが、県内にもある。

＊「腰巻」（コシマキ）

女性が和服を着用する時に用いる「腰巻」を連想し易いが、意味は全然違う。昔、城の外郭を腰と呼び、土石を築いてめぐらせた塁を「腰巻」と言った。その地が「腰巻」や「城の腰」という地名になり、その地に住んだ事から地名の「腰巻」を「名字」とした。昔、大名の家臣は役職の高い者程、城の本丸の近い地に住んだ。「腰巻」の地は城に最も近い位置にあるので、この「腰巻」に住んでいた家臣は高位の者であったので、この「名字」は誇りある「名字」である。

＊「五味」（ゴミ）

「五味（ゴミ）」とは、五つの味。甘味（アマイ）、鹹味（シオカライ）、辛味（カライ）、酸味（スッパイ）、苦味（ニガイ）の味であり、「涅槃経」では、牛乳精製の過程の、乳味、酪味、生酥味（セイソミ）、醍醐味の五味を言い、禅寺では、一二月八日の釈迦成道の日に、五穀を混ぜた「五味粥」を作って振る舞うという。

一方、「五味姓」の「伝説」では、平安後期、源三位頼政の一族の隼人正助定は、行状が良く五常を兼ねていたので、高倉宮から「五味姓」を賜り、甲斐国の武田信義に仕えたという。この子孫は、武田家臣として続き、武田氏の滅亡後、遠江国や駿河国に移住している。別説では、「五味」は「ゴミ」に由来し、源頼朝よりの賜姓という伝説もある。（「三―2賜姓の由来」を参照）。

＊「左衛門三郎」（サエモンサブロウ）

平安時代、宮廷の左衛門府の護衛が任務であった職名の「左衛門」が「名字」となった。「左衛門府」の役職は、左衛門督、左衛門佐、（大、少）左衛門尉、（大、少）左衛門志があった。「三郎」は三男を表すので、「左衛門三郎」は、「左衛門」の職にあった者の「三男」が、「名字」としたのであろう。「名字」本来の識別性が遺憾なく表れている「名字」で、埼玉県などに分布する。「左右衛門三郎」も「サエモンサブロウ」と読み、最長性の「六字名字」と言われている。

＊「左近」（サコン）

「左近」「右近」は、宮廷の警護役の役職名「左近衛府」「右近衛府」を省略した「名字」で、後世、名前によく使われている。大同二年（八〇七）に、神亀五年（七二八）に創設された「中衛府」が「右近衛府」に、「近衛府」が「左近衛府」に改称され、役職には、大将は大納言や大臣が兼任、中将も参議が兼務する場合が多く、主に摂政、関白家が占めた要職という。石川県能登地方に分布し、旧家に多いという。県内には「左近」「左近司」「左近允」がある。

＊「流石」（サスガ）

「流石」は、中国の故事の「砂州処（サスカ）」が「当て字」されたという。石見国（島根県）刺鹿郷から起こった豪族の「刺鹿（サスガ）氏」は、尼子氏に滅ぼされてから「流石（サスガ）」に変姓したと伝える。京都市北区の「流石」は「サザレイシマチ」と読む。今、東京には「流石姓」が三十軒くらいあるという。県内にも現存する。

＊「式守」（シキモリ）

伊豆下田（下田市）出身の五太夫義則は、相撲行司式守家の初代。五太夫は吉田追風の門人となり、寛延二年（一七四九）、「式字説」と「力士目録」を貰い行司となった。「式」とは「取法之名」とし、古式を大切に守るという意味から「式守姓」を名乗ったという。二代目の式守伊之助英勝は、南伊豆小稲（南伊豆町）の出身で、もとの「名字」は「谷」。以後、現在まで「式守家」は代々、「伊之助」を名乗り、相撲行司家として続く。

＊「七五三木」（シメキ）

藁をなった縄の八寸毎に、藁を七本、五本、三本の順に挟んで垂らし、これを木に結び付ける。この縄が「シメ縄」であり、今でも新年のお飾りにこの名残りがある。「七五三」のお祝いもこの故事に共通する。お目出度い神事にあやかって、幸せを願って創姓した「名字」であろう。県内にも現存する。

＊「城聞」（ジョウギク）

群馬県鬼石町の「城聞氏」は江戸時代末までは「新井姓」であった。当地に承平五年（九三五）に築城された真下城は北条氏康に攻め落とされ、天正二〇年に廃城となる。この城跡は、同家に近く、道を尋ね城の様子を聞く者が度々あった。ある時、武家がこの城の様子を聞いた後、この家を「城聞（ジョウギク）」と名付け、それが「屋号」となり、明治初年の国民皆姓の時、「名字」にしたという。重箱読みの名字である。

＊「神農」（シンノウ・ジンノウ）

戦前まで一一月二三日は「新嘗祭」の祭日であった。神に新しくとれた稲を捧げる日である。この日は、昔、「神農祭」とも呼んだ。この祭祀に因んだ「名字」であろう「俳句季寄」。県内に現存する。

＊「十八公」（ソヤギミ）

「十八公」の三字を一字にまとめると「松」となる。「松」の異名を「十八公」といい、「松竹梅」などと目出度い字である。「和漢朗詠集（源順）」に「十八公の栄は霜の後に露われ、一千年の色は雪の中に探し」とか、「名語記・五」に「松には十八の徳を具せり。さて十八公と書けるが、松にて侍り申し伝えたり」とある。「謡曲・高砂」に「松は萬木に勝れて十八公のよそほひ、千秋の緑をなして、古今の色を見ず」ともある。静岡県沼津市の寺院の住職の「名字」である。

＊「小鳥遊」（タカナシ）

小鳥には鷹が強敵である。「鷹がいないので小鳥が楽しく遊ぶ」という故事付けから生まれた「名字」という。戦国時代からの由緒ある「名字」である。「タカナシ」の「読み」から考えると、本姓は「高梨姓」とも言われている。

＊「日月」（タチモリ・ジツゲツ）

「原語」は「朔晦（タチモリ）」で、「朔晦（タチモリ）姓」と同じ。「ツイタチ（朔日）」と「ミソカ（晦日）」を結合して、「月と日」を採り一カ月一巡の天体の自然に合わせた「名字」である。石川県には「タチモリ」と「ジツゲツ」の読みの「日月姓」と、「朔晦」もあり、「日月（タチモリ）」が多い。先祖が昔、庄屋を務めていた時、お上（藩）から褒美に戴いた「名字」ともいうが、僧職に多いともいう。

＊「九十九」（ツクモ）

「九十九」の次は「百」だから、次百（ツグモモ）、それが訛って「ツグモ」「ツクモ」になったという。「白」の字も「百」に一足りないから「ツグモ」と読み、九十九歳を「白寿（ハクジュ）」というのと同じである。

＊「栗花落」（ツユリ）

「栗の花が落ちる頃」は「梅雨入り（ツユイリ）」である事から、「栗花落」と書いて「ツユリ」と読むといい、これに因んだ「名字」という。「和漢三才図絵・八六」に、「栗花五月中落、故ニ俗書ハ堕栗花ト書ク梅雨ノ訓トナス」とあり、「日本姓氏大辞典」に、「ツユ・ツユリ・ツユオチ」の「名字」には、「栗花落」の他に、「栗花墜」「栗花洛」「栗落洛」が載っている。中部地方の岐阜、愛知県では、「入梅」の事を「ツユイリ」を縮めて「ツユリ」という。

＊「水流」（ツル）

「ツル」の地名は、峡谷で峡流が岩肌を滑らかにした沖積扇状地に多くあり、特に九州地方に多くある地名である。「水流（ツル）姓」も九州地方特産の「名字」という。甲斐国（山梨県）は「峡（カイ）の国」で、「都留（ツル）」の地名は、持統天皇二年（六八八）に百済人が土着し、朝鮮語の「平地、盆地（ツル）」を地名にしたと伝えられる。「水流」を「ツル」と読ませるのは、峡谷の「水流」に沖積扇状地の「地名ツル」を当てたのであろうか。「ツル」の語は、日本語の目出度い「鶴」や、繁栄を表徴する「蔓」に当て字され、県内にもあるが縁起のよい「名字」を生み出している。

＊「半井」（ナカライ）

和気清麻呂を祖とする「和気氏」は医道の家柄で、代々、朝廷で典薬頭を勤める。江戸時代には、子孫の和泉国（大阪府）堺の名医半井宗珠と半井卜洋養は幕府の御番医。慶長期加賀藩には大小将の半井造酒丞、算学者の半井允明がある。

清麻呂の後裔の和気明親の時、京都烏丸の邸内に井戸があり、その井戸水は清潔であったので、半分は帝（天皇）の御所に納め、後の半分は家事用に使ったという。後陽成院はこれを賞してこの井戸を「半井（ナカライ）」と名付けた。明親の家では、この事に因んで、「半井」を代々、家の称号としたと伝えられ、今は「名字」として用いている。県内にもある。

＊「八朔」（ハッサク）

「八朔」は「八月朔日」で「八月一日」の事である。旧暦の八月朔日は、「田の実の節句」と言って、昔は農家の休養日であり、この時期に収穫が済み、農村では、豊作を祈り田の神に感謝する「八朔祭り」が今も残っている。「ミカン」の「八朔」は、この頃、収穫できる早生ミカンであるから名付けられた。

＊「月出」（ヒタチ）

暦では日（太陽）も月も同様に考えられ、「日立」「月立」も「ヒタチ」と読むので、「日（月）経ち（ヒタチ）」から出た「読み」であろうという。千葉県や三重県の「月出姓」は

「ツキデ」「ヒグレ」と読み、「ヒグレ」は「月の出る時刻」の「日暮れ」に因んだ「読み」である。「月出」を一字にした「朏」という「名字」は「ミカヅキ」と読む。天城湯ケ島町には、化政期（一八〇四～三〇）に、月出長左衛門があり、子孫は医師として栄えている。

＊**「十二月一日」**（ヒヅメ・ヒナシ）・**「十二月晦日」**（ヒヅメ・ヒナシ）

「十二月一日」「十二月晦日」などの年末を表す「名字」や、「二十九日」「三十日」「極月極日」など、月末や年末を表す文字の「名字」は、殆どが「ヒヅメ」とか「ヒナシ」と読む。年末や月末で、「日が詰まっている（ヒヅメ）」「残る日にちが少ない（ヒナシ）」という意味に「当て字」した「名字」である。「十二月田」と書いて「シワスダ」と読む「名字」があるが、「シワス」は「師走」の意味で、これも「当て字」した「名字」である。

＊**「日置」**（ヘキ・ヒキ・ヒオキ）

「日置郷」は、「古事記」で「幣岐（ヘキ）」、「和名抄」で「比岐（ヒキ）」であるが、郷名は「日置部（ヘキベ）」の設定地という説もある。「日置部」の職掌は明確ではないが、地方政治と関係があったのは確かとされ、陸奥や蝦夷の国人の侵入防止の為に、烽を置いた「火置」、狼煙や火宮のあった防災の要地であった、蠟燭や炭焼きに関係した部民の地であろうか、などと推測されている。「日置（ヘキ）」の「ヘ」は「戸」で、租税徴収の為、税務と行政を兼ねた役職で、戸数を調査記録する部、という伴信友の唱えた「戸置説」が有力である。

「日置姓」は、古代の「日本地名索引」に、「日置」と書かれた地名は約三十カ所見えるが、「日置」「日置部」や、それら「日置」の地名が発祥地である。県内は「ヒオキ」と読む。

＊**「八月一日」**（ホズミ・ホズム）

古来、八月一日に行う「八朔」の祭りは、苅り取った稲穂を積んで豊作を祈願した事から、「八月一日」「八月朔日」を「穂積（ホヅミ）」と称した。又、旧暦の八月一日は、「収穫の稲穂を積み上げる日」という意味もあるという。この「名字」は「穂積姓」から分流した「名字」で、「鈴木氏」と同様に「穂積氏」の族と言われ、県内にも存在する。

＊**「発知」**（ホッチ）

徳川家康が弓術の名手を招集し、三百人の中から選出された六人の中の藤三郎は、家康が立てた黄金の笄を的にして雁又の矢を使い、「ホッチ」と掛け声して矢を射て的中し笄を折り、家康から「ホッチ」の異名を与えられ「名字」を「発知」と改めたという。子孫は県内に現住する。（「三―2賜姓の由来」を参照）

＊**「萬年」**（マンネン）

文治年間（一一八五〜九〇）、北面の武士であった先祖が、宮中の追儺（ツイナ）の行事で年男を務め、「御代は万年」と唄った事から、後鳥羽院より「萬年」の「名字」を賜ったと伝えられる。子孫は江戸時代、幕臣となり、静岡県榛原郡に住んで、遠江代官として栄え

た。（「三―2賜姓の由来」を参照）

＊「朏」（ミカヅキ）

「三日月」とも書く。千葉県、佐賀県、兵庫県などの「三日月」の地名に因んだ当て字の「名字」が「朏姓」になったという。「ミカヅキ」は、月の出初めで、陰暦三日に初めて見える月（三日月）の事。「朏」は「月と出」の合字で、「月の出はじめ」の薄暗い月である。「ミカヅキ」の地は、古代に瓶を生産して「調」として納めた「甕調（美加豆支ミカツキ）」の地名で、佐賀県三日月町はその名残りという。

＊「御手洗」（ミタラシ・ミタライ）

天正（一五七三～九二）の頃、徳川家康が二俣城責めから浜松に帰る途中、倉中瀬村（浜松市）の戸右衛門の家で朝食を食べ井戸水で手を洗った事から「御手洗姓」を賜ったという。「名字」の歴史によると、それより以前、甲斐国（山梨県）に「御手洗姓」がある。京都の「御手洗川」は「ミタラシ」と読み、「ミタラシ団子」は有名である。「御手洗」は神仏に参詣する際に、身を清める為に「手を洗う」事を意味し、昔は、京都の清水寺の「御手洗所」のように上から落ちる滝の水を利用していたので、「ミタラシ」の語源は「水垂らし」という説がある。（「三―2賜姓の由来」を参照）

＊「味知・味智」（ミチ）

相模国（神奈川県）の三浦大介義明の後裔の三浦雅楽助正勝は今川氏に仕えたが、今川氏没落後は徳川家康に仕え、晩年は駿河国有度郡広野村（静岡市）に住んだ。家康に鮮魚の調理を褒められ、「味知（智）」の「名字」を賜ったとも、又、家康の道案内をして「道（味知）姓」を賜ったともいう。子孫は代々、広野村に住んだ。（「三―2賜姓の由来」を参照）

＊「薬袋」（ミナイ）

由来に「伝説」の多い「名字」であるが、最も著名なのは、武田信玄よりの賜姓という「説」である。武田信玄が狩りに行き薬袋を落とした時、拾って届けた百姓に「中を見たか」と尋ね、「見ないで急ぎ届けました」と答えた事から、「薬袋」と書いて「ミナイ（見ない）」と読む「名字」を賜ったという。信玄は家臣に賜名、賜姓をする事が好きだったと言うから、尤もらしい話である。別説では、この村は無病長寿の人が多く、村中で薬の袋を「見ない」という事から起こった「名字」ともいう。戦国期、武田信玄の家臣に、「ミナイ」と読む「名字」の、薬袋三郎右衛門吉甫、薬袋市郎右衛門吉保があり、山梨県南巨摩郡薬袋（ミナイ）村（早川町薬袋）が「名字」発祥地で、清和源氏流の浅利与一義成を遠祖とするという、山梨県特有の「名字」である。「伝説」は後世の創作であろうか。今、県内や関東、東海地方に散在する。「御」を付けた「御薬袋（ミナイ）姓」もある。（「三―2賜姓の由来」を参

照）

＊「毛受」（メンジュ・メンジョ）

戦国時代、豊臣秀吉が柴田勝家を破った賤ケ岳の戦いで、活躍した柴田家臣の毛受兄弟がある。「名字」の由来は、先祖が毛利家から「毛」の一字を付けてよいという許しを受けたので、「毛利家の免許を受けた」という事に因んで「名字」にしたという。県内にもある。

＊「文珠四郎」（モンジュシロウ）

京都伏見の小刀鍛冶は、代々、「文珠四郎」を襲名している。この家は、「苗字のふるさと（下巻）」によれば、藤原氏の全盛時代に野武士であった先祖は、大和国の刀工の天蓋三郎兼光の弟子となる。ある一人の老人が、一振りの刀を依頼したが、細身で反りの少ない大和物は、実戦に役立たないなどと、仕上がった刀に注文を付けた。時を経て、仕上げた刀を見せると、代金の持ち合わせがなく、この先の文珠院まで来たれとの事で、そこまで行くと老人の姿はなく、院の中には仕上げた刀二振りが揃っていた。この老人は実は「文珠菩薩」であったという。以来、「天蓋」を改めて「文珠」を名乗り、名も「三郎」に次ぐ「四郎」として「文珠四郎」を家名にして、今に至っている。徳川時代の初期、長男と四男は結城秀康の供として越前国（福井県）入りし、お留め鍛冶となり二百石、次男と三男は京鍛冶として京都に残った。当家の屋敷神は文珠菩薩、とある。赤穂義士の大石瀬左衛門の差料の銘は、「文珠四郎長右衛門兼光」である。全国に約三十軒あるという。

＊「養父」（ヤブ）

「小倉百人一首」の中に、清原深養父の詠んだ「夏の夜はまだ宵ながら明けぬるを、雲のいづこに月やどるらん」の和歌があるが、この深養父は名であり、「名字（氏）」は「清原姓」である。「養父（ヤブ）」の語源は「藪、籔」で、「大日本地名辞書」には、兵庫県養父郡養父町の大藪は、「この地、往昔無民家、竹籔のみ。故にヤブという」。近江国養父郡は比定地不明なるも、訓は「也不」。即ち藪の意なり。肥前国（佐賀県）養父郡（鳥栖市養父町）も「藪」の義なり、とある。愛知県東海市にも養父町がある。

＊「月見里」（ヤマナシ）

「山が無いので月がよく見える地」という意味で、「ヤマナシ」の語は盆地を表し、「山梨」の語源もこれから出たという説もある。昔からあった「名字」で、静岡県藤枝市に「月見里（ヤマナシ）神社」があり、静岡県清水市に「月見里（ヤマナシ）稲荷社」がある。静岡県清水市特有の「名字」であるが、今は「ツキミサト」と読んでいる人が多くなった。

＊「四十八願」（ヨイナラ）

阿弥陀如来が、法蔵比丘と言った修行時代に、すべての衆生を救う為に、絶対この事だけ守ると、仏に約束した「四十八の誓願」に因んだ「名字」であろうと推測される。「読み方」

には、「ヨイナラ」の他に、「ヨソナラ・ヨソハラ」があるといい、「文字」も同じ読みで、「四十八朝、四十八預、四十八頭」がある。「四十八願姓」の集まる栃木県佐野市が発祥地と見られている。

＊「良知」（ラチ・リョウチ）

戦国時代、静岡県志太郡一色村（焼津市）の良知惣右衛門は、無欲風狂な人で、徳川家康の鷹狩の案内役などを勤めた。ある時、鯰を藁裡に入れて駿府城にいた家康に献上したところ、鯰は藁裡から洩れていて殆ど残っていなかったが、家康は笑って褒美に粒金を与えた。惣右衛門は貰った粒金を紙にも包まずそのまま袂に入れて帰ったが、安倍川を渡る時、転んで粒金を紛失してしまったという。このような風狂人であったので「乱気（ミダラケ）」とも呼ばれたという。この「ミダラケ（乱気）」が「良知」に転化したのではないかという説がある。しかし、この「名字」は、惣右衛門以前に、今川家臣に「良知姓」があり、この地の郷名は「良智郷」であるから、郷名に因んだ「名字」かも知れない。

＊「留守」（ルス）

「留守番」と同じ意味である。鎌倉幕府の地方機関の職名に「陸奥留守職」があった。代々、伊澤氏が世襲したが、建長三年（一二五一）以降、職名の「留守」を「名字」とした。

＊「四月一日・四月朔日」（ワタヌキ）

陰暦の「四月一日」「四月朔日」は、昔は綿入れの着物を綿無し（綿抜き）の着物（袷）に着替える「衣替えの日」であり、「ワタヌキの祝いとして、長かった冬との節目にした日」である。「年中行事故実考」に、「朔日、更衣と言フ、俗ニ綿ヌキノ祝ヒトイフ。人家、此ノ日ヨリ袷ヲ着ス」と記されている。日本の旧軍隊でも、この四月一日が冬服から夏服に替える日で、旧海軍では、この日から白と紺の組み合わせ上下となり、六月一日に上下、白の制服となった。「八月一日」「八月朔日」と書いて「ワタヌキ」と読む「名字」もある。江戸時代に九月一日から袷を脱いで、九月から綿入れを用いた風習によるもので、この「名字」も、故事付け読みである。「ワタヌキ姓」には「更衣」「渡抜」「渡貫」もあるが、本姓は「綿貫姓」という説もある。

五　静岡県内の名字の特色

1　名字の文字の意義

現在の名字（氏）の七〇％以上を占める「名字」は「地名」から発祥した名字であるが、「地名」が、文字を変えた歴史を見ると、和銅五年（七一二）、朝廷の命により全国的に行われた「郡郷名を佳字」に改めた事である。「佳字」とは「吉祥文字」の事で、「縁起のよい意味を持った文字」である。

例えば、「幸、福、寿、末広、高砂、常盤」などであり、今でも、住居表示の変更の際には、これら吉祥文字が使用されていて、各地に同名の「地名」や「町名」が多くある。

人類の歴史を考えると、「先ず始めに言葉ありき」で、「文字」の前に「言葉（言語）」があり、「言葉」の前は「発声」であったと推測される。従って、日常生活では、「名字」も、「文字」よりも「呼称」が重要視されていたが、今では、戸籍簿を始めとして、書類上で「文字」による表現が多く、記録としての価値観から、「文字」の方が大切になっている。

大陸から伝来した漢字文化が日本に及ぼした影響は、五世紀の頃、朝鮮からの渡来者が、西文《かわちのあや》氏・東漢《やまとのあや》氏などの「氏」に編成されて、大和朝廷の支配下で記録を司った。六世紀に入ると、日本的な文章を漢字で表記するようになった。六〜七世紀には、朝鮮から唐に滅ぼされた百済人が多数渡来し、又、遣隋使、遣唐使の往復により、次第に漢字文化が日本に定着していった、

「漢字」は「日本語」を表す為に、「音ガナ」「訓ガナ」として利用され、その用法が次第に固定し、一字一音の「万葉がな」が成立する。七二〇年に漢文を駆使した「日本書紀」が書かれ、七一二年に「音ガナ」と「訓ガナ」を交えた「古事記」、七五九年に「万葉集」が書かれ、日本人が漢字によって、「日本語」を表記する事ができる段階に達した。

「日本製の漢字」とも言うべき「国字」又は「和字」は、漢字を日本語の表記の中で使用していくうちに作るようになった。これらの「文字」は「六書」に当てはめると「会意文字」の原則に従って作られている。例えば、神前に供える木であるから「榊」、上って下る山を「峠」、十字路を「辻」と書くなどである。しかし、中には「音」で作られた「文字」もある。これらの「国字」は、平安時代初期には既に作られていたと推考され、八九二年に僧昌住が編集した「漢和辞典、新撰字鏡」の中の「小学篇」という部門に約四〇〇の「国字」が収録されている。

又、江戸時代の学者の新井白石の著書「同文通考」の中で八一字の「国字」を挙げている。これらの「国字」は今でも用いられている「働く」「凩」「凪」「杣」「椙」「樫」「畑」「笹」

「椛」「込」「鰯」などがあり、「名字」に使用されている「文字」も多く含まれている。

さて、「名字」の文字の意義は、「地名」に由来する「名字」は「地名」の意味という事になるが、「地名」も永久不変ではなく、その「文字」の意味も変化する事がある。又、「地名」以外の由緒、信仰などに由来する「名字」も、時代が変わると、使用や意味が異なり、当初に名付けた意義とは異なる解釈をされる事も往々にしてある。

例えば、山や野原を開墾して田畑を造成する事を、昔は「芝切り」「芝起こし」と言い、開拓者の家は「芝切」「芝起」という名誉ある「名字」としているが、現代では「芝切り」「芝起こし」に相当する言葉は「開発」「開拓」である。

「腰巻」「腰廻」「腰高」などという「名字」があるが、現代人は「腰巻き」と言えば、女性が腰に巻く真っ赤な腰巻きを連想するが、この「名字」は戦国時代以前からあり歴史ある「名字」である。「城の腰」という「地名」が示すように、昔は「腰巻き」とは城を取巻く地帯であり、城主の家臣は非常時を考慮してか、地位の高い者程、城に近い地帯に屋敷を構えていたから、「腰巻き地帯」に住んでいた者は地位の高い家臣であった事になり、居住地の「地名」の「腰巻」を「名字」としているのは、由緒ある家柄である。

「浮気」という「名字」は「フケ」「ウキ」「ウキゲ」などと読むが、文字だけでは「ウワキ」とも読める。一説によると、「フケ」は神官が神事の際に用いる祭具の器という。多分、この「名字」は神官であった先祖が名乗ったのではないかという。

「ヤブ」の付く「名字」に「藪田」「籔田」がある。「藪」は「雑草の生え繁ったヤブ」であり、「籔」は「竹ヤブ」である。どちらの「ヤブ田」も「ヤブ」を開拓して田畑を開拓した土地に因んだ「名字」であろう。

「ミノ」の一字の「名字」には「蓑」と「簑」がある。「蓑」は萱などの草類から作った「ミノ」、「簑」は竹類から作った「ミノ」で、同じ「ミノ」でも素材が異なる。漢字は意味は正確に表している。

さて、「名字」の「文字」は、その「名字」の起源となった「地名」の「文字」と必ずしも一致してはいない。「地名」の「文字」が変わったのか、「名字」の文字が変わったのかは定かではないが、多くは「地名」の「文字」が変わった例が多いようである。

静岡県内の「地名」の文字の変遷を見てみると、現在の「地名」の「文字」は、「古文書」に出ている「地名」の「文字」と相違している例が意外に多い事に気付く。これら「地名」は「名字」になっている「地名」が多いので、次に例示する。（注、下が現在の地名）

「阿多美（アタミ）」が「熱海」　「熱原（アツハラ）」が「厚原」

「石上（イシガミ）」が「石神」　「稲河（イナガワ）」が「稲川」

「小河（オガワ）」が「小川」　「息津、奥津（オキツ、オクツ）」が「興津」

「川井（カワイ）」が「川合」　「神原（カンバラ）」が「蒲原」

「葛見（クズミ）」が「久須美」　「禁架（キガ）」が「気賀」

「気多」（ケタ）が「氣田」　「甲良、小浦（コウラ）」と「子浦」

「妻浦（メウラ）」が「妻良（メラ）」「佐夜（サヤ）」が「佐野」

「小長谷（コナガヤ）」が「小長井（コナガイ）」　「多胡（タゴ）」が「田子」

「田抜（タヌキ）」が「田貫」　「只来（タダキ）」が「只木」

「富部（トベ）」が「戸部」　「奈古屋（ナゴヤ）」が「奈古谷」

「長布施（ナガブセ）」が「長伏」　「波梨（ハナシ）」が「葉梨」

「三戸（ミト）」が「三津」、などなど。


現在使用している「地名の文字」は明治以後に確定しているが、それ以前は、「文字」よりも「読み」を重視していた傾向があるので、全国到る所、当て字を使用しているが、「地名」の本来の意味や由来は昔書かれた「文字」の中に含まれている事が多い。

2　幸せを願った文字の名字（縁起・吉祥姓）

＊吉祥文字

往昔からの「地名」の文字を変えたり、新しく「地名」を名付ける際に、「吉祥文字」を使用することは昔から広く行われている。「名字」の文字も、兵農分離制が強固に布かれ、庶民の「名字」にも種々の制限が設けられた江戸時代以前や「明治創姓」時は、「改姓」「変字」が自由に行う事ができた時であるから、そうした機会に、従来からの「名字」の「文字」を変えるだけでなく、同じ読みで異なる「文字」を使用し、自分の好む「縁起のよい名字」に変える為に、「吉祥文字」に改字した人があったと言われている。

「吉祥文字」に変えたという伝承のある「名字」には、「尾藤」が「美藤」に、「久島」が「福島」に、「聞間」が「菊間」に、「左藤」が「佐藤」に、などが挙げられる。

＊画数を変えた文字

「縁起のよい名字」にする為に、「文字」を「縁起のよい画数」に変えたり、「文字」を格好よく見せたりする為に変えたりすることは、江戸時代中期から行われていて、「一画又は一点を増減」する事が多く、その「文字」の多くが、現代では「異体字」の「俗字」として認められている。

一説では、元禄（一六八八〜）から宝永を経て正徳（〜一七一六）にかかる頃になると、儒者の漢学傾倒が「故実気（コジツケ）」た「文字の淫化」を生み出すようになったという。例えば、皇大神宮の「大」を「太」と書き、「京」を「亰」と書く理由は、「文字」の格好が良くなるという事で他意はないともいう（歴研七三―五）。

＊故事付け文字

「故事付け」の文字を使用した「名字」は、比較的多くある。本来の「氏」や「名字」に因んだものが多いのは、本人が正式の「名字」としての使用を考えたのではなく、「遊び心」のような気持ちで称した、いわわる「渾名（アダナ）」や「通称」であったのがたまたま、子孫に「名字」として継承されてしまったのではないか、と思える要素を含んでいる。次に数姓を例として挙げる。［　］は「本姓」である。

「鱸」（スズキ）［鈴木］　「蛸」（タコ）［多胡］　「小鳥遊」（タカナシ）［高梨］

「八月一日」（ホヅミ）［穂積］　「四月一日」「六月一日」（ワタヌキ）［綿貫］

「十八夜月」（カノウ）［加納］　「一尺八寸」「一尺六寸」（カマツカ）［鎌塚、鎌柄］

「月見里」（ヤマナシ）［山梨］

＊縁起のよい姓

「姓氏」「名字」が、本来、識別姓を主眼として発祥したとしても、単に、居住、所領地の地名や生活環境、官職、信仰などの特色だけに因んだとは思えない。人間である以上、何時の世でも、幸多かれと希求する願望には変わりはない。

各々の「名字」の初祖達は、各自思いのままに「名字」を付けたとすれば、幸福をもたらす願いが「名字」に表れていても不思議ではない。事実、数ある「名字」の中には、使用されている「文字」や「言語」が明らかに願望を含んでいる、と受け取れる「吉祥文字」の入った縁起よい「名字」が意外に多くある。その中には、本来の「姓氏」「名字」の「文字」を同音の「吉祥文字」に換えたという伝承を持つ「名字」もある。

「縁起のよい文字」で、一般に使用される「文字」としては、福、寿、鶴、亀、宝、善、幸、徳、楽などがある。因みに「福」の字は、静岡県内では頭字につく名字が99姓、後字に着く名字が17姓、計116（〇・六％）と意外に多いのは驚きである。

静岡県内の「縁起に因んだ名字」の例

福（フク）　福寿（フクジュ）　幸福（コウフク）　来福（ライフク）
宝福（ホウフク）　安福（ヤスフク）　円福（エンプク）　知福（チフク）
重福（ジュウフク）　満福（マンブク）　福亀（フクカメ）　亀甲（キッコウ）
亀遊（キユウ）　朱亀（シュガメ）　萬亀（マンキ）
亀井（カメイ）　亀田（カメタ）　鶴亀（ツルカメ）　鶴（ツル）
鶴来（ツルキ）　鶴見（ツルミ）　朱鶴（シュツル）　吉鶴（ヨシヅル）
吉相（キチソウ）　大吉（オオヨシ）　大安（オオヤス）　大慶（タイケイ）
慶馬（ケイマ）　大名（オオナ）　大漁（タイリョウ）　末廣（スエヒロ）

蓬莱（ホウライ）　高砂（タカサゴ）　長命（チョウメイ）　長生（チョウセイ）
不老（フオイ）　寿命（ジュミョウ）　万歳（マンザイ）　萬年（マンネン）
万歳（マンザイ）　鯉登（コイノボリ）　門松（カドマツ）　恵比須（エビス）
大黒（ダイコク）　不破勝（フワカツ）　勝連（カツラ）　最勝（サイショウ）
金持（カナモチ）　金満（キンマン）　金集（カナツメ）　万両（マンリョウ）
小判（コバン）　金原（キンバラ・キンパラ・カネハラ）　宝船（ホウセン）
宝珍（ホウチン）　宝満（ホウマン）　安満（アマ）　有働（ウドウ・ユウヤ）
百万（ヒャクマン）　熨斗（ノシ）　御熨斗（オノシ）　笑喜（ショウキ）
繁昌（ハンジョウ）　善財（ゼンザイ）　安堵（アンド）　円満（エンマン）
和楽（ワラク）　栄楽（エイラク）　安楽（アンラク）　楽満（ラクマン）
安楽（アンラク）　極楽（ゴクラク）　平和（ヘイワ・ヒラワ）　寿栄松（スエマツ）
神徳（ジントク）など。

3　名字の使用文字は地名に多い文字

「名字（氏）」の発祥は地名に由来するものが圧倒的に多い。地名の起こりは、地形や周囲の自然環境の特色から名付けられた名が大部分を占める。人間は、自然現象の脅威の少ない、そして生活に有利な条件を備えた環境の地に、集落を形成してきた。そうした土地は平野や盆地が多く、山あり、川あり、野あり、そして樹木が繁茂した地であり、やがて開発した田畑が連なり、必要な水を供給する川や湖沼、沢や井泉がある土地である。

地名が、そうした自然環境を端的に表現して名付けられたとすれば、地名に由来する「名字」に、自ら地形や田畑や樹木などに関連のある文字が付くのは当然である。

「名字」に使用されている文字は、「田」の字が最も多い。それは「名字」の発祥が「名《ミョウ》田《デン》の地名」に因んだ事によるからであるが、「名田」の地名には文字通り殆ど全てに「田」の字が付いている。

「田」の付く「名字」は、全国的には総名字数の一二%、八人に一人と言われ、大阪市では五〜六人に一人で、一七〜二〇%を占めるという。

佐久間英氏は、「日本の名字」の中に、「名字」に使用されている文字は、「多く見積っても四千四、五百字どまりの漢字でまかなわれていて、「名字」の終わりの字には「田」がもっとも多く、次に、「藤、木、野、山、川、本、島、井、原、村」の順に多いと書いている。

著者が、静岡県内の「名字」のランキングを調べた時、上位三〇〇姓に入る「名字」の中で、「田」の付く「名字」は五〇姓あり、最も多い使用文字は当然「田」の字であった。

「静岡県の名字ランキング上位三〇〇姓の使用文字」(%は300姓に対する比率)

「田」五〇姓（名字比一七％・人口比一四％）　「山」二三姓（八％）
「野」二三姓（八％）　「井」二一姓（七％）　「村」二〇姓（七％）
「川」一六姓（五％）　「藤」一四姓（五％）　「原」一一姓（四％）
以下、「松、木、沢、杉、森、林」を含めると、以上の一四文字を使用した名字の計、二一八姓がランク上位三〇〇姓の七四％となり、ランク上位三〇〇姓を県民の約三〇％とすると、一四字の付く名字の人は県民の約二〇％を占める事になる。
但し、この数字には、「山川」「野田」など、重複する「名字」が入っているので実際の数はもっと少なくなる。
「名字」に使われている文字の中には、大きさや寸法を表す文字が意外と多い。「地名」に、地形や生活環境の特色を表すのに寸法的概念が大きく作用していたと見るべきか。
静岡県の「名字ランキング」の上位三〇〇姓の中の「大、中、小」の付く名字は、
「大」一八姓（名字比六％、人口比五％）
「中」一一姓（名字比四％、人口比四％）
「小」一七姓（名字比六％、人口比四％）であり、この合計は上位三〇〇姓の中の四六姓（一六％）を占め、その「名字」の人口比は三〇〇姓の人口の一三％に相当する。
平成一八年版電話帳（個人名）に拠ると、静岡県全域の全名字（読み）は約一万九四〇〇

姓あり、その使用文字を分析すると、次に示す通りランキング上位三〇〇姓の場合とよく似ていて、地名に用いられている文字が大部分を占めている。

次に、自然や土地状況を表す文字の付く名字を多い順に列記する。

一位　「田」　頭字一八四姓、後字九五七姓　　合計一一四一姓（五・九％）
二位　「川」　頭字一三二姓、後字四四八姓　五八〇姓
　　　「河」　頭字七二姓、後字　四〇姓　一一二姓　　合計六九二姓（三・六％）
三位　「野」　頭字一一九姓、後字五二五姓　六四四姓
　　　「埜」　頭字　六姓、後字　二一姓　二七姓　　合計六七一姓（三・五％）
四位　「山」　頭字一六七姓、後字三七七姓　　合計五四四姓（二・八％）
五位　「谷」　頭字　九三姓、後字四〇一姓　　合計四九四姓（二・五％）
六位　「木」　頭字一一三姓、後字三四〇姓　　合計四五三姓（二・三％）
七位　「島」　頭字　五〇姓、後字二〇三姓　二五三姓
　　　「嶋」　頭字　一九姓、後字一〇九姓　一二八姓
　　　「嶌」　頭字　三姓、後字　一八姓　二一姓　　合計四〇二姓（二・一％）
八位　「井」　頭字一〇九姓、後字二七八姓　　合計三八七姓（二・〇％）
九位　「原」　頭字　三二姓、後字三四八姓　　合計三八〇姓（二・〇％）

一〇位	「村」	頭字　六〇姓、	後字一九八姓	二五八姓	合計二八三姓（一・五％）
	「邑」	頭字　九姓、	後字　八姓	一六姓	
	「邨」	頭字　一姓、	後字　八姓	九姓	
一一位	「藤」	頭字一一二姓、	後字一三八姓		合計二五〇姓（一・三％）
一二位	「松」	頭字一四八姓、	後字一〇二姓		合計二五〇姓（一・三％）
一三位	「高」	頭字二〇六姓、	後字　三八姓		合計二四四姓（一・三％）
一四位	「岡」	頭字　六二姓、	後字一五六姓		合計二一八姓（一・一％）
一五位	「森」	頭字一一三姓、	後字　九八姓		合計二一一姓（一・〇％）

この一五字（旧字、俗字を含む）の付く名字の合計は六六二〇姓（三四・一％）を占め、県内全名字の約三分の一は、一五種の文字の一字が付いている事になり、漢字の文字数は極めて多いが、その中で名字に使用されている文字の種類は、限定された範囲に入っている漢字が用いられている事がわかる。

4　海に因んだ名字

静岡県は南が全面海に面し長い海岸線を持つ県であり、「海」に恵まれた環境を活かして生活している住民が極めて多い、いわば全国屈指の水産県である。

「海」との密接な関連がある静岡県だけに、「海に因んだ名字」が多くても不思議ではないが、静岡県内から発祥したという伝承のある名字は聞いた事がない。

「地名」の事でよく話題に上るのは、海の無い長野県に海に関係する地名が多い事である。地名に因んだ名字が多い事からしても、「海」に関係のある文字の付く名字には、長野県にある地名が数多くある事は事実であるし、静岡県内にも長野県の地名から発祥したという「海野、海津、海瀬」などの「名字」がある。

次に、静岡県内の名字の中で、「海、江、津、浦、浜、濱、磯、礒、島、嶋、嶌、波、浪、濤、船、舟、舩」など、「海」に関連のある文字が付く名字を挙げてみる。この一七文字の付く「名字」の例とその数だけを記載する。

「海関連の文字」が冒頭につく名字は「頭字」、後に付く名字は「後字」とした。

「海」・「頭字」海野、海瀬など二六姓　「後字」内海、伊海など三四姓　計　六〇姓
「江」・「頭字」江間、江塚など六三姓　「後字」松江、大江など四八姓　計一一一姓
「津」・「頭字」津金、津島など五〇姓　「後字」興津、島津など六六姓　計一一六姓
「浦」・「頭字」浦田、浦山など三八姓　「後字」松浦、杉浦など四二姓　計　八〇姓
「浜」・「頭字」浜崎、浜村など五七姓　「後字」長浜、廣浜など三五姓　計　九二姓
「濱」・「頭字」濱井、濱川など四一姓　「後字」西濱、平濱など一六姓　計　五七姓

「磯」・	「頭字」磯部、磯野など二三姓	「後字」相磯、荒磯など　二姓	計	二五姓
「礒」・	「頭字」礒合、礒崎など一六姓	「後字」　〇姓	計	一六姓
「島」・	「頭字」島崎、島野など五〇姓	「後字」青島、中島など二〇三姓	計	二五三姓
「嶋」・	「頭字」嶋津、嶋村など一九姓	「後字」赤嶋、川嶋など一〇九姓	計	一二六姓
「嶌」・	「頭字」嶌田、嶌本など　三姓	「後字」大嶌、板嶌など一八姓	計	二一姓
「波」・	「頭字」波切、波間など　七姓	「後字」名波、藤波など二二姓	計	二九姓
「浪」・	「頭字」浪川、浪崎など　八姓	「後字」荒浪、滝浪など一六姓	計	二四姓
「濤」・	「頭字」濤岡、　の　一姓	「後字」松濤、松濤など　二姓	計	三姓
「船」・	「頭字」船越、船村など一一姓	「後字」荒船、川船など四三姓	計	五四姓
「舟」・	「頭字」舟坂、船橋など一九姓	「後字」新舟、長舟など　三姓	計	二二姓
「舩」・	「頭字」舩木、舩津など　八姓	「後字」　〇姓	計	八姓

5　「藤」のつく名字は藤原氏族か

藤原姓の元祖は、六六九年に朝廷より居住地の地名の「藤原」を氏名（ウジナ）として賜った中臣鎌足である。彼は天智天皇のブレーンとして活躍し、その子孫は京家、式家、北家、南家に分かれて拡繁した。平安時代になると、北家流は中央政権を掌握し、南家流は全国に拡繁して地方政治のほとんどを藤原一族が支配し、まさに藤原一族はわが世の春の繁栄をもたらした。北家流の子孫は、後に近衛、鷹司、九条、一条、二条の五攝家を始め、多く公家による称号が生まれ、南家流の子孫は、国守、国の掾や介に任じられ、名字本来の識別、特定性を高揚する為に、やがてはその官職名や所領地の国名と藤原の「藤」を結合させた名字が発生した。

名字を構成する文字の中で、下の文字に藤がつく名字は藤原氏の流れを汲むと言われ、一般にその数を一六藤姓とか三二藤姓又は三六藤姓とか呼ばれているが、それは由緒正しい藤原氏流の名字であって、藤の文字が付く名字は、県内だけでもその数は一〇〇種以上現存する。それらの名字が全て藤原姓とは思えないが、これらの名字を合計すると、平安時代と同様に藤原一族は確かに大族である。

☆次に藤原氏流と言われる藤のつく名字を列挙する。

「国名（国守・介・掾）・郡名の一字をとった藤原姓」

伊藤　伊勢国の藤原氏　　羽藤　羽前・羽後国の藤原氏　　遠藤　遠江国の藤原氏
加藤　加賀国の藤原氏　　甲藤　甲斐国の藤原氏　　近藤　近江国の藤原氏
信藤　信濃国の藤原氏　　駿藤　駿河国の藤原氏　　尾藤　尾張国の藤原氏
武藤　武蔵国の藤原氏　　備藤　備前・備後国の藤原氏　　山藤　山城国の藤原氏

須藤　那須郡の藤原氏

☆「官職名の一字をとった藤原氏」（国の守・介・掾の官職名は国名の中にいれた）

衛藤　衛府の官職についた藤原氏　　工藤　木工頭になった藤原氏
権藤　権守になった藤原氏　　左藤　左衛門尉になった藤原氏
佐藤　左衛門尉（佐）になった藤原氏　　斎藤　斎宮頭になった藤原氏
首藤　主馬首になった藤原氏　　主藤　主馬首になった藤原氏
進藤　修理進になった藤原氏　　内藤　内舎人となった藤原氏
武藤　武者所となった藤原氏

☆「他姓と混合した藤原姓」

阿藤　阿部氏と藤原氏　　安藤　安倍氏と藤原氏　　大藤　大神氏と藤原氏
鴨藤　鴨氏と藤原氏　　菅藤　菅原氏と藤原氏　　海藤　海部氏と藤原氏
神藤　諏訪神氏と藤原氏　　賀藤　賀茂氏と藤原氏　　紀藤　紀氏と藤原氏
巨藤　巨勢氏と藤原氏　　春藤　春日氏と藤原氏　　清藤　清原氏と藤原氏
高藤　高階氏と藤原氏　　丹藤　丹治氏と藤原氏　　中藤　中原氏と藤原氏
平藤　平氏と藤原氏　　服藤　服部氏と藤原氏　　矢藤　矢部氏と藤原氏

☆静岡県内の名字で、二字、三字目に「藤」が付く名字（・印はフジの読み）

あ　相藤　青藤　・赤藤　・上藤　阿藤　安藤　い　板藤　伊藤　岩藤　印藤
う　・上藤　右藤　宇藤　鵜藤　え　江藤　衛藤
お　・大藤　岡藤　・岡藤　・奥藤　か　海藤　皆藤　・柿藤　加藤　嘉藤　神藤　菅藤
き　北藤　奇藤　吉藤　来藤　木藤　紀藤　く　九藤　工藤　國藤　倉藤
こ　五藤　古藤　巨藤　後藤　・小藤　今藤　近藤　金藤　権藤
さ　斉藤　斎藤　齋藤　齊藤　・阪藤　佐藤
し　志藤　治藤　次藤　紫藤　・下藤　進藤　信藤　新藤　神藤
す　末藤　周藤　須藤　首藤　駿藤　せ　清藤　瀬藤　千藤
た　高藤　滝藤　谷藤　種藤　丹藤　つ　辻藤　津藤　鶴藤　と　東藤　時藤
な　内藤　永藤　長藤　に　・西藤　丹藤　二藤　仁藤　の　延藤
は　羽藤　波藤　・早藤　・服藤　半藤　坂藤　ひ　兵藤　・平藤　ふ　布藤
ほ　保藤　本藤　ま　間藤　み　光藤　美藤　御藤　実藤　實藤
む　武藤　宗藤　も　・森藤　や　矢藤　ゆ　・行藤　由比藤　よ　依藤
わ　・若藤

6　富士山にゆかりの文字の名字

「駿河の富士」といわれる富士山が北に聳える静岡県に、富士山に因んだ名字があっても不思議ではない。事実、数としては少ないが「富士」「不二」の付く名字が県内に分布している。「富士」は「藤」に通じるから「藤」の字を富士、不二に転化させた名字もあるかも知れない。

☆「静岡県内の富士、不二が付く名字」

富士　冨士　富士井　富士岡　富士川　富士田　富士谷　富士野　富士宮　富士原　富士本　富士盛　三富士　不二　不二樹　不二山など。さほど多くはない。

7　国名、府県名の名字

「名字発祥」の由来は詳かではないが、前記の通り、先祖が「国守」や「国の介」「国の尉」の官職であった事に因んだのか、あるいは居住地、所領地の国名に由緒があって、「名字」としたのであろうか、「旧国名」と同じ「名字」も多くあり、又、現在の府県名と同じ「名字」もある。「読み方」は必ずしも国名や府県名と同じではない。

「静岡県・電話帳（平成一八年版）」に拠るが、都府を除くと、他県と比べると静岡県は「旧国名」「現府県名」と同じ文字の「名字」が多くあり、人の移入が盛んであった事を示している。
☆「静岡県内にある府県名と同じ名字」
秋田　青森　愛知　岩手　茨城　石川　岡山　大阪　香川　鹿児島　神奈川　岐阜　熊本
佐賀　島根　千葉　富山　徳島　栃木　奈良　長崎　長野　広島　兵庫　福井　福岡　福島
宮城　宮崎　三重　山形　山梨　山口　和歌山（以上三四府県）
（静岡県内には無い名字）
愛媛　大分　沖縄　京都　群馬　高知　埼玉　滋賀　静岡　東京　鳥取　新潟（以上一二都府県）
☆「静岡県内にある旧国名と同じ名字」　「読み」が異なる名字もある。
阿波　安芸　淡路　伊賀　伊勢　壱岐　和泉　出雲　伊豆　因幡　石見　岩代　越後　越前　大隅　近江　尾張　隠岐　加賀　甲斐　河内　上総　紀伊　甲賀　上野　佐渡　相模
讃岐　薩摩　志摩　下総　下野　信濃　周防　駿河　丹波　但馬　丹後　筑紫　筑後　対馬
出羽　土佐　遠江　長門　能登　播磨　日向　飛驒　肥後　肥前　備前　伯耆　美濃　美作
三河　武蔵　陸奥　山城　大和　若狭（以上六一国名）
（静岡県内には無い名字）
安房　伊予　磐城　羽後　羽前　越中　摂津　筑前　常陸　備中　備後　豊前　豊後　陸

前　陸中（以上一五国名）

「地名」や「名字」の中には旧国名の付いた「地名」や「名字」がある。その「地名」は、この地に来住した開発者が故国の名を冠して名付けたという地名が多い。開発者にとっては、開発行為と故郷の国名を子孫や後世に伝承させたいという願望から、開発地に付けた地名を「名字」にしたのであろうか。静岡県内にある「名字」の中で、「名字」の文字の中に「国名」が入っている「名字」を次に拾い出してみる。

安芸友　阿波根　阿波野　伊賀上　伊賀崎　伊賀野　伊予隅　伊予田　伊豫田　伊豆内
伊豆川　伊豆倉　伊豆澤　伊豆沢　伊豆永　伊豆野　伊豆丸　伊豆見　伊豆元　伊豆谷
伊豆山　和泉澤　和泉田　和泉原　伊勢井　伊勢亀　伊勢川　伊勢谷　伊勢崎　伊勢田
伊勢村　越後谷　尾張谷　近江谷　甲斐田　甲斐谷　加賀江　加賀見　加賀美　加賀谷
加賀屋　加賀山　佐渡島　佐渡友　土佐谷　能登谷　播磨谷　飛騨野　日向野　伯耆田
三河口　美濃口　美濃田　美濃部　美濃又　武蔵島　武蔵谷　安河内　大和瀬など

8　一文字の名字　［平成十八年版の電話帳（個人名）に拠る］

日本の「名字」の大部分は漢字二文字で構成されているが、漢字一文字の「名字」は意外に多い。電話帳を見ると、「一文字の名字」の中には「読み方」からして韓国や中国の名字と推測できる「名字」も入っているが、殆どが昔から日本にあった「名字」である。

一般には「一文字の名字」は、韓国や中国に関係のある名字と思っている人が多いが、日本特有の名字の中に、「一文字の名字」は想像以上に多くある。

「一文字姓」といえば、森、林、原、関、谷、菅、藤、源、平、橘、畑、滝、堀、清、辻、島、東、西、北、南、芝、柴、梶、岸、岡、榊、楠、椿、荻、泉、佃、桂、稲、町、堺、等々、ランキング一〇〇〇位の中には二〇姓もある程身近に数多くあり、それらの「名字」は「文字」も「読み方」も容易に理解する事ができ、見聞の頻度が多いので「名字」としての使用に何の戸惑いも抱かない。

「一文字姓」の特徴は、「名字」に対する一般の通念では想像できないような「意外な文字」が使用されている「名字」の多い事や、「名字」は「和訓読み」が殆どを占めるが、「一文字姓」の「読み方」の中には日常生活では使っていない「古語読み」や、「故事付け読み」が多く含まれている事である。従って、「一文字姓」の中には、「難しい文字の名字」「難しい読み方の名字」が多くあり、又、「名字」としては「珍しい文字」、想像も付かないような「珍しい読み方」など、「珍姓奇姓」と言える「名字」も数多くある。

「静岡県内の一文字姓」は約五六〇姓あり、全名字の約三％を占める。次に県内の「一文字姓」を挙げるが、「読み」で抽出してあるので同じ文字がある。

県（アガタ）
縣（アガタ）
懸（アガタ）
圷（アクツ）
堆（アクツ）
旭（アサヒ）
莇（アザミ）
東（アズマ）
與（アタエ）
新（アタラシ）
東（アヅマ）
鐙（アブミ）
網（アミ）
荒（アライ）
嵐（アラシ）
新（アラタ）
粟（アワ）
安（アン）
干（イ）
井（イ）
伊（イ）
家（イエ）
巌（イオ）
雷（イカヅチ）
碇（イカリ）
息（イキ）
池（イケ）
蘇（イケル）
砂（イサゴ）
勇（イサム）
砿（イシバシ）
泉（イズミ）
磯（イソ）
礒（イソ）
一（イチ）
斎（イツキ）
稲（イナ）
出（イデ）
乾（イヌイ）
稲（イネ）
猪（イノ）
茨（イバラ）
入（イリ）
祝（イワイ）
巌（イワオ）
因（イン）
禹（ウ）
上（ウエ）
植（ウエ）
浮（ウキ）
潮（ウシオ）
後（ウシロ）
薄（ウスキ）
歌（ウタ）
轉（ウタタ）
内（ウチ）
台（ウテナ）
臺（ウテナ）
畝（ウネ）
姥（ウバ）
梅（ウメ）
浦（ウラ）
裏（ウラ）
漆（ウルシ）
衛（エイ）
枝（エダ）
榎（エノキ）
戎（エビス）
箙（エビラ）
遠（エン）
王（オウ）
多（オウ）
多（オオ）
扇（オウギ）
鳳（オオトリ）

岡（オカ）
沖（オキ）
荻（オギ）
翁（オキナ）
屋（オク）
奥（オク）
起（オコシ）
長（オサ）
納（オサム）
乙（オツ）
音（オト）
斧（オノ）
表（オモテ）
織（オリ）
温（オン）
賀（ガ）
馨（カオリ）
利（カガ）
鏡（カガミ）
柿（カキ）
角（カク）
筧（カケイ）
桟（カケハシ）
梯（カケハシ）
筧（カケヒ）
籠（カゴ）
栫（カコイ）
笠（カサ）
文（カザリ）
樫（カシ）
梶（カジ）
楫（カジ）
柏（カシワ）
霞（カスミ）
片（カタ）
形（カタ）
潟（カタ）
樫（カタギ）
勝（カツ）
桂（カツラ）
葛（カツラ）
門（カド）
角（カド）
廉（カド）
要（カナメ）
叶（カノウ）
椛（カバ）
蒲（カバ）
甲（カブト）
釜（カマ）
鎌（カマ）
蒲（ガマ）
上（カミ）
紙（カミ）
亀（カメ）
鴨（カモ）
栢（カヤ）
榧（カヤ）
傘（カラカサ）
鴉（カラス）
川（カワ）
官（カン）
菅（カン）
管（カン）
簡（カン）
姜（カン）
康（カン）
椛（カンバ）
冠（カンムリ）
紀（キ）
魏（ギ）
菊（キク）
岸（キシ）
城（キズキ）
北（キタ）
金（キム）
許（キョ）
京（キョウ）
姜（キョウ）
曲（キョク）
金（キン）

草（クサ）　串（クシ）　鯨（クジラ）　葛（クズ）　楠（クス）
楠（クスノキ）　國（クニ）　椚（クヌギ）　窪（クボ）　熊（クマ）　粂（クメ）
倉（クラ）　蔵（クラ）　栗（クリ）　車（クルマ）　呉（クレ）　鍬（クワ）
槻（ケヤキ）　玄（ゲン）
胡（コ）　呉（ゴ）　磊（コイシ）　項（コウ）　康（コウ）　黄（コウ）
侯（コウ）　郷（ゴウ）　郡（コウリ）　郡（コオリ）　凩（コガラシ）
越（コシ）　輿（コシ）　壽（コトブキ）　駒（コマ）　今（コン）　近（コン）
昆（コン）　金（コン）　紺（コン）
左（サ）　崔（サイ）　斉（サイ）
斎（サイ）　齋（サイ）　坂（サカ）　阪（サカ）　界（サカイ）
堺（サカイ）　境（サカイ）　栄（サカエ）　榊（サカキ）　桜（サクラ）
櫻（サクラ）　迫（サコ）　笹（ササ）　淪（サザナミ）　漣（サザナミ）
定（サダ）　属（サッカ）　里（サト）　晒（サラシ）　澤（サワ）　沢（サワ）
椎（シイ）　塩（シオ）　鹿（シカ）　式（シキ）　鴫（シギ）　重（シゲ）
茂（シゲル）　静（シズカ）　雫（シズク）　蔀（シトミ）　篠（シノ）
忍（シノブ）　芝（シバ）　柴（シバ）　島（シマ）　嶋（シマ）　嶌（シマ）

下（シモ）
車（シャ）
謝（シャ）
釈（シャク）
釋（シャク）
朱（シュ）
周（シュウ）
春（シュン）
徐（ジョ）
除（ジョ）
昌（ショウ）
章（ショウ）
荘（ショウ）
城（ジョウ）
代（シロ）
城（シロ）
辛（シン）
真（シン）
眞（シン）
新（シン）
申（シン）
進（シン）
神（ジン）
秦（シン）
蘇（ス）
隋（ズイ）
末（スエ）
菅（スガ）
姿（スガタ）
杉（スギ）
雪（ススギ）
薄（ススキ）
鱸（スズキ）
晋（ススム）
住（スミ）
隅（スミ）
角（スミ）
墨（スミ）
瀬（セ）
清（セイ）
関（セキ）
積（セキ）
迫（セコ）
薛（セツ）
千（セン）
善（ゼン）
膳（ゼン）
楚（ソ）
宋（ソウ）
宗（ソウ）
荘（ソウ）
曹（ソウ）
外（ソデ）
園（ソノ）
薗（ソノ）
杣（ソマ）
空（ソラ）
孫（ソン）
宋（ソン）
代（ダイ）
台（ダイ）
臺（ダイ）
平（タイラ）
高（タカ）
隆（タカ）
鷹（タカ）
隆（タカシ）
篁（タカムラ）
宝（タカラ）
滝（タキ）
瀧（タキ）
工（タクミ）
岳（タケ）
武（タケ）
嶽（タケ）
鈩（タタラ）
城（タチ）
館（タチ）
橘（タチバナ）
巽（タツミ）
震（タツミ）
楯（タテ）

館（タテ）　棚（タナ）　谷（タニ）　玉（タマ）　環（タマキ）
溜（タマリ）　為（タメ）　保（タモツ）　樽（タル）　俵（タワラ）　丹（タン）
団（ダン）　檀（ダン）
蔡（チエイ）　築（チク）　街（チマタ）　忠（チュウ）　長（チョウ）
張（チョウ）　趙（チョウ）　千（チョン）　沈（チン）　陳（チン）
番（ツガエ）　机（ツクエ）　辻（ツジ）　土（ツチ）　辻（ツヂ）
続（ツヅキ）　堤（ツツミ）　綱（ツナ）　常（ツネ）　椿（ツバキ）
燕（ツバメ）　坪（ツボ）　莟（ツボミ）　鶴（ツル）
丁（テイ）　鄭（テウ）　鉄（テツ）　傳（デン）
唐（トウ）　藤（トウ）　峠（トウゲ）　栂（トガ）　斎（トキ）　時（トキ）
徳（トク）　所（トコロ）　利（トシ）　寿（トシ）　轟（トドロキ）
隣（トナリ）　泊（トマリ）　塘（トモ）　友（トモ）　巴（トモエ）　豊（トヨ）
尚（ナオ）　猶（ナオ）　中（ナカ）　仲（ナカ）　半（ナカバ）
詠（ナガメ）　流（ナガレ）　灘（ナダ）　棗（ナツメ）　滑（ナメリ）　縄（ナワ）
贄（ニエ）　西（ニシ）　錦（ニシキ）
貫（ヌキ）　沼（ヌマ）

野（ノ）
延（ノブ）
昇（ノボル）
登（ノボル）
唄（バイ）
萩（ハギ）
白（ハク）
朴（ハク）
硲（ハザマ）
間（ハザマ）
箸（ハシ）
橋（ハシ）
櫨（ハジ）
畑（ハタ）
畠（ハタ）
幡（ハタ）
秦（ハタ）
旗（ハタ）
簱（ハタ）
花（ハナ）
英（ハナブサ）
蕚（ハナブサ）
塙（ハナワ）
巾（ハバ）
幅（ハバ）
浜（ハマ）
濱（ハマ）
林（ハヤシ）
原（ハラ）
播（ハリ）
晴（ハレ）
伴（バン）
坂（バン）
塙（バン）
番（バン）
潘（バン）
播（バン）
東（ヒガシ）
光（ヒカリ）
髭（ヒゲ）
久（ヒサ）
久（ヒサシ）
菱（ヒシ）
臂（ヒジ）
左（ヒダリ）
秀（ヒデ）
斉（ヒトシ）
平（ヒラ）
開（ヒラキ）
広（ヒロ）
廣（ヒロ）
傅（フ）
黄（ファン）
福（フク）
袋（フクロ）
房（フサ）
藤（フジ）
渕（フチ）
筆（フデ）
麓（フモト）
文（ブン）
平（ヘイ）
枌（ヘギ）
辺（ヘン）
法（ホウ）
茫（ホウ）
祝（ホウリ）
外（ホカ）
朴（ボク）
鉾（ホコ）
星（ホシ）
堀（ホリ）
馬（マ）
舞（マイ）
前（マエ）
牧（マキ）
槇（マキ）
幕（マク）

孫（マゴ）　政（マサ）　益（マス）　町（マチ）　松（マツ）
円（マドカ）　圓（マドカ）　衛（マモリ）　黛（マユズミ）　丸（マル）
朏（ミカヅキ）　溝（ミゾ）　道（ミチ）　密（ミツ）　貢（ミツギ）
翠（ミドリ）　港（ミナト）　湊（ミナト）　南（ミナミ）　陽（ミナミ）
源（ミナモト）　岑（ミネ）　峯（ミネ）　峰（ミネ）　嶺（ミネ）　蓑（ミノ）
簑（ミノ）　宮（ミヤ）　都（ミヤコ）　繆（ミュウ）　幸（ミユキ）
向（ムカイ）　迎（ムカエ）　睦（ムツ）　村（ムラ）　室（ムロ）
梅（メイ）　廻（メグリ）
孟（モウ）　罍（モタイ）　罎（モタイ）　本（モト）　元（モト）
求（モトメ）　守（モリ）　盛（モリ）　森（モリ）　諸（モロ）
館（ヤカタ）　社（ヤシロ）　安（ヤス）　休（ヤスミ）　梁（ヤナ）
柳（ヤナギ）　藪（ヤブ）　籔（ヤブ）　山（ヤマ）
兪（ユ）　幸（ユキ）　雪（ユキ）　楪（ユズリ）　禅（ユズリ）
杠（ユズリハ）　豊（ユタカ）　尹（ユン）
余（ヨ）　楊（ヨウ）　姚（ヨウ）　横（ヨコ）　吉（ヨシ）　淀（ヨド）
米（ヨネ）　萬（ヨロズ）

蘿（ラ）　埒（ラチ）

李（リ）　柳（リュウ）　劉（リュウ）　龍（リュウ）　笠（リュウ）

梁（リョウ）　凌（リョウ）　林（リン）

脇（ワキ）　鷲（ワシ）　亘（ワタル）　渡（ワタル）　蕨（ワラビ）王（ワン）

9　数字の入った名字

「八（ヤ）」の語は、「大八洲（オオヤシマ）、八頭（ヤガシラ）、八門（ヤカド）、八尺鏡（ヤサカノカガミ）、八十神（ヤソノカミ）、八咫烏（ヤタカラス）、八百万神（ヤホヨロズノカミ）」など、日本神話の中に極めて多く現れる数詞である。このように神話に多く用いられる数は「聖数」と呼ばれ、多くの氏族はそれぞれ、自分の氏族の「聖数」を持っていた。

神話に使われる「八」は漢字の「八」とは関係がない。現代では、「八」は末広がりであるという事で、縁起の良い字（数）として一般大衆に好かれているが、古代日本では漢字を読み書きできる人は極めて少なかったので、漢字などは一般民衆にとって何の縁もない存在であったのだから、「聖数」としての「ヤ（八）」と現代の「数字八」の愛好とは別である。

各種族が持っている「聖数」として知られているのは、ヘブライ民族は「七」、アメリカ原住民は「四」、ポリネシアは「四」と「八」という。これらの「聖数」は、ともにその民族にとって神秘的な霊能の感じられる数で、「多数」を意味する事が多く、「多数」とは無限に大きいという事である。

　現代の日本語では「四」は「死」と同音で、「死」に通じるとして忌み嫌われる数であるが、それは「四」を「シ（死）」とする漢字の字音である。従って、漢字に無関係の古代日本語では、「四」と「死」と直接の関係は持っていないし、寧ろ、古代の儀式などでは、「四」は極めて重要な数となっている。

「貞観儀式」の大原野祭儀に「神馬、四疋」、「江家次第」の伊勢公卿勅使の儀に、「次に使以下拝し奉ること四度、了りて手を拍つ。次に四たび拝みて、又、手を拍つ」などとある。古代には「四（ヨ）」が「聖数」の役割を果たしていた時代があったのではなかろうか、と「日本語をさかのぼる」に著者大野晋氏は記している。

「名字」に使用されている数字にも、日本人の数詞に対する考え方が出ているのかも知れない。特に多数を表す「八」の字は「八百萬」「八嶋」「八咫烏」「八岐大蛇」など、神話に多くでる数詞であり、「七」の字は「七福神」「七曜」「七五三祝」「七夜祝」「初七日」「七七日」「七回忌」「七味」「七面」「七難」「七夕」「七色」など、日常生活に密着した数詞として使われているだけに、「七」を入れた「名字」も多くある。

　次に数字だけの名字を挙げる。同じ数字の名字でも、読みはいろいろある。数字は名字、下の（　）内は読みを表す。

一（イチ・イチモンジ・カズ・ハジメ・イトモンジ・ニノマエ）

二（ツグ・ヤヌキ）　三（サン）　六（ムツ・ロク）

八（ワカツ）　九（ク・イチジク・イチノク・クチノク・マル）

十（モゲキ・ツナシ）　十一（トオイチ・ジュウイチ）

一二（イチジ・カズジ・ヒフ・ヒフタ）

十三（トミ）　十二（ジュウニ）　一三（カズミ）

十五（トウゴ）　十七（トナ）　十八（トワ）

二十一（ニソイチ）　二十二（ニソジ・ニジコウニ）

二三（フタミ・マタカズ）　二十四（ツルヘイ）　二五（ニゴ）

二十六（ニソロク）　二十八（ツヅヤ・ツズヤ・ニソヤ）

二九（フタミ・フタク）　二十九（ヒズメ）　三一（ミハリ）

三二（サンジ・ミツジ）　三四（サンシ）　三五（サンゴ・サンカ）

三九（サンク）　四十（アイ・シジュウ・ヨソ・ヨト）

四七（シナ）　四十八（ヨソヤ）　四九（シク）

四十九（ヨソク・ヨトク・シジュウク）　五十（イイ・イソ・イワ）

五一（ゴイチ）　五三（イツミ）
五六（フカホリ・フカボリ・フノボリ）　五八（ゴハチ）
六三（ムサ）　七五八（ナゴヤ）
七七五（ミツツキ・ミツワタ）　八十（ハチジュウ・ヤソ）　八十八（ヤソヤ）
八九（ヤク）　九九（クク）　九十三（ツクミ）
九九（クク）　九十九（ツクモ・クシフク・クジフク・ツズラ）
百（モモ）　一二三（ヒフミ・ウタカタ・ヒオミ・ヒホミ）
二三四（フミシ）　三八九（サンヤク）　三九二（ミクニ）
七五三（シチゴサン・シメキ・シノノメ・シメカケ）　八百（ヤオ）
千（セン）　千百（チヒャク）　三千（サンゼン）
万（マン・バン・ヨロズ）　百々（モモ・トド）　廿千（ハッセン）
万十（マンジュウ）　二万（ニマン・ミマ）　六万（ロクマン）
八万（ハチマン）　十万（ジュウマン・ソマ）　四十万（シジマ）
百万（ヒャクマン）　千万（センマ・チマ）　億（オク）、など。

「静岡県内の数字だけの名字」は想像していたよりも少ないようである。

一（イチ）　十一（トオイチ）　五三（イツミ）　八十（ヤソ）　百々（ドド）
一二三（ヒフミ）　七五三（シメキ）　千（セン、チョン）　十万（ソマ）

☆「静岡県内の数字が入った名字」
これに該当する「名字」を挙げるが、極めて多いので、「アイウエオ順」で「ア」から八姓までを挙げて以後は省略し、各数字姓の全数を記す。

一井　一氏　一江　一圓　一尾　一岡　一木　一樹など六五姓。
二井村　二唐　二階堂　二木　二久山　二荒　二郷　二坂など六六姓。
三枝　三段崎　三貫納　三水　三溝　三海　三階松　三角など二一八姓。
四方　四家　四条　四條　四重田　四谷　四反田　四ツ田など一九姓。
五日市　五木　五井　五井野　五江渕　五木田　五次　五島など三七姓。
市六　六車　六平　六鹿　六角　六浦　六岡　六倉など八姓。
七沢　七澤　七丈　七条　七條　七田　七戸　七楽など二二姓。
下八川　八賀　八川　八久保　八田　八戸　八森　八谷など六五姓。
九島　九日　九門　九竜　九頭竜　九藤など六姓。
十日市　十川　十河　十倉　十島　十東　十時　十鳥など一四姓。

十一　十一家　十八公　十七夜月　二十日　廿日出　四十川　四十宮など八姓。
五十井　五十川　五十木　五十子　五十崎　五十島　五十子　五十畑など二〇姓。
八十　八十川　八十島　八十住　八十田　八十浜　八十原など七姓。
百木　百木田　百北　百沢　百瀬　百田　百地　百津など一五姓。
百々　百々鷺　二百苅　三百苅　五百川　五百木　五百蔵　五百住など九姓。
七五三　七五三木　松七五三　八百井　八百板　八百木　八百屋など七姓。
千　千賀　千石　千崎　千住　千条　千田　千代など五二姓。
萬木　万木　万崎　万沢　万治　萬平　萬立　万谷など一五姓。
十万　四十万谷など二姓。

「数字」のつく名字は、「縁起のよい文字の名字」の項でも述べたが、静岡県内では分類や区分に広く利用されている「ミ、サン」の読みの「三」の付いた名字が最も多く、次は「一」の付く名字、その後は「一番槍、一番乗り」など「勝つ」にも通じる「イチ、ヒト」の読みの「一」、「末広」で「ハチ、ヤ」の読みの「八」の付く名字の順である。

10 月、日、天文、気象の名字

「月」「月、日」を表す「暦」は日常生活と密接な繋がりがあり、特に農耕民族は農事に季節どの関連が深く、農作は月日と切り離せないという事からも「月、日」に因んだ「名字」は意外に多い。又、「月、日」は月と太陽をも表し天空にも及ぶ語であるから、「月、日」のつく名字には「天文」「気象」に関係のある言語の名字も含まれてくる。

「天文」「気象」は科学の発達していなかった昔は、全てが神秘の現象として捉えられ、時には神や仏に結び付けて考えたのかも知れない。そうした畏敬心や脅威心が「名字」の発祥の由来に潜在して、「天文、気象」に因む「名字」を創出したのかも知れない。

こうして名付けられた「名字」にも、その「読み方」は必ずしも「文字」通り素直な読みではなく、ヒトヒネリした読みの「名字」が数多くある。

これら「名字」は、「文字」を素直に読むのは少なく、殆どが故事付け的な「珍読姓」である。

数は多いが、先ず全国的に「月、日、天文、気象」に関係する「名字」を挙げてみる。

一月（イチゲツ・ムツキ）　　正月（ショウゲツ・マサツキ・ムツキ）

正月一日（アオ・アラ）

四月一日（ワタヌキ・ワタヌ・ワタメ・オタヌキ・ツボミ・シガツイチニチ）

四月朔、四月朔日（ワタヌキ・ツボミ・ツボネ）
四日（ヨッカ）
八月一日（ワタヌキ・ホズミ・ハズタ・ホズノミヤ）
八月朔（ワタヌキ・ホズミ・ハツミ・ヤオミ）
五月（サツキ・ゴガツ）
五月七日（ツユリ）
六月一日（ウリハリ・ウリワリ・ホズノミヤ・ムリワリ。ロクガツツイタチ）
八月一日（ハズカ・ハッサク・ホズノミヤ・ホズミ・ホツミ・ヤフミ・ワタヌキ）
八月朔日（ホズミ）
月晦日　（ハツミ）
八月三十一日（ホズノミヤ）
十二月一日（シワスタ・シワスダ）
十二月晦日（ヒズメ・ヒナシ）
三日（ミカ）
十日（トダ）
十五日（ジュウゴニチ）
五月一日（アオ・サツキ）
五月日（ゴガツビ）
八月晦（ハッサク・ホズミ）
八月十五日（アキナカ・ナカツキ）
十二月（シワス）
十二月朔日（ヒズメ・シワスダ）
日極（ヒヅメ）
九日（カズカ）
十四日（トヨカ）
十八日（トヨウカ）

十九日（ヒズメ）
廿日（ハツカ）
二十九日（ヒズメ）
三十日（ミソカ・ミトウカ）
日日・日月（タチモリ）
睦月・正月（ムツキ）
如月（キサラギ）
卯月（ウツキ）
皐月（サツキ）
日　（ヒ）
日中（ニッチュウ・ヒナカ）
日丸・日ノ丸（ヒノマル・ヒマル）
日傘（ヒガサ）
日光（ニッコウ）
日出（ヒジ・ヒタチ・ヒデ・ヒグレ・ヒノデ）
日向（ニッコウ・ヒオモ・ヒガノ・ヒナタ・ヒムカ・ヒムカイ・ヒュウガ）
日夜（ヒグラシ・ヒクラシ・ヒタラシ・ヒダラシ）
日外（アグイ）
曜日（カグヒ）
日日（カタチ・タソガレ・タチゴ・タチモリ・タチゴリ・ヌカダチ・ヒビ）
明日（アレビ・ヌクイ）
日月（タチモリ・ニチゲツ・ヒツキ）
日置（ヘキ）
日種（ヒグサ）
日塔（ニットウ）
円日（マドカ）
日極・日詰（ヒヅメ）
日向（ヒナタ・ヒュウガ）

日本（ニッポン・ニホン・ヒノモト・ヒモト・ヤマト）
日日（タソガレ・ヒビカ）　日照（アキテル）
日盛（ヒモリ）　日和（ヒヨリ・ニチワ・ヒウ・・ヒワ）
朝日（アサヒ）　旭（アサヒ）
月（カゲ・ツキ）　月日（オチゴリ）
月光（カッコウ・ガッコウ・ゲッコウ・ツキミツ）　月山（ツキヤマ）
月出（ツキデ・ヒグレ・ヒタチ・ヒダチ・ヒデ）
月門（ツキカド）　公月（コウツキ）　若月（ワンツキ）
真月（マツキ）　香月（カツキ）　大月（オオツキ）
上月（コウヅキ）　観月（カンゲツ）　満月（マンゲツ）
望月・持月（モチヅキ）　水月（スイゲツ）　正月（ムツキツ）
月海（ツキウミ）　三日月（ミカヅキ）　朏（ミカヅキ）
大朏（オオツキ）　空（コウ・ソラ）　青空（アオゾラ）
雨下（アメシタ）　雷（ライ）　雪（ユキ）
嵐（アラシ）　霜（シモ）　霜上（シモウエ）
霜下（シモシタ）　霜田（シモタ）　霜出（シモデ）

霜村（シモムラ）　霜山（シモヤマ）　雨乞（アマゴイ）
雨具（アマグ・アマク）　雨夜（アマヤ・アマヨ）　雨川（アマカワ）
雨水（アマミズ）　雨間（アママ・アメマ）　時雨（シグレ）
露無（ツユム）　雷（ライ）　晴（ハライ・ハレ）
晴間（ハレマ）　太陽（タイヨウ）　神風（カミカゼ）
東風（コチカゼ・コチ）　風無（カゼナシ）　東雲（シノノメ）
星（ホシ）　光（ヒカリ）　宇宙（ウチュウ）
晝間（ヒルマ）　日暮（ヒグレ）　夏至（ゲシ）
冬至（トウジ）　七夕（タナバタ）

次に静岡県内の「名字」の中の「日、月、天、星、光」や気象関係の「雷、雲、雨、嵐、風、霞、霜、雪」などの「名字」を見てみよう。意外に多くある。

旭　朝日　朝日出　朝日原　大日方　春日　春日井　日下(クサカ)　日下田　九日　日朝　日浅　日当　日當　日色　日浦　日永　日栄　日沖　日置　日景　日影　日笠　日数谷　日向　日向野　日川　日原　日下田　日隈　日柴　日角　日宿　日出　日達　日永　日名子　日名地　日内地　日當　日南田　日野　日野岡　日花　日比　日美　日比　日美　日比野

日廻　日比谷　日水　日茂　日山　日吉　日和　日良　日和佐　日渡　十七夜月　上月　神
月　五月女　定月　汐月　塩月　松月　千月　津江月　月足　月浦　月岡　月居　月ケ洞
月川　月崎　月島　月館　月谷　月永　月野　月原　月村　月間　月見　月見里　月村　月
本　月安　八月一日　法月　蘿月　駒月　天方　天川　天坂　天神　天竺　天水　天田　天
王沢　天王澤　天白　天間　天満　天満屋　天明　天良　大空　空　空岡　空本　星　星合
星井　星岡　星加　星賀　星金　星川　星子　星崎　星指　星沢　星島　星田　星谷　星出
星戸　星野　星之内　星野谷　星原　星宮　星牟礼　星元　星本　星谷　星屋　星山　三星
諸星　金光　兼光　儀光　光池　徳光　友光　中光　仲光　日光　光地　光　光井　光石
光内　光岡　光門　光木　光島　光墨　光田　光高　光武　光藤　光永　光浪　光成　光信
光延　光林　光飛田　光広　光間　光宗　光本　光森　光谷　光安　光山　光吉　宗光　森
光　矢光　安光　吉光　行光　依光　米光　来光　竜光　龍光　和光　雷　稲妻　雲乗　雲
野　雲母(キララ)　雲井　雲村　雲山　雨貝　雨笠　雨川　雨谷　雨ノ宮　雨夜　雨宮
丁嵐　嵐　嵐口　嵐田　五十嵐　風岡　風口　風岡　風戸　風張　風間　風巻　風祭　風見
風村　風能　風野　凩　雪　雪下　雪島　雪嶋　雪田　雪野　雪原　雪松　雪山　名雪
霞　霜井　霜出　霜垣　霜越　霜島　霜田　霜鳥　霜村　霜山

11　官職名と職業名の名字

一、官職名〈姓（カバネ）〉の名字

「官職名」を「名字」としたのは、その官職に就任した者の子孫が、先祖の「姓（カバネ）の「村主（スグリ）」を「名字」としたとか、藤原一族の中で「斎宮頭」になったから「斎藤」という「名字」にしたとかに因る。家系が古く、先祖が姓（カバネ）を有していたという者の子孫や、その官職に就任した者の子孫は、一族内での系統の識別の為とか、先祖が「守護」「権守」「修理大夫」「刑部少輔」「家老」などという高位にあったという示威や名誉に因るとかの事由で、その「姓」や「官職名」を「名字」としたものである。

これらの「名字」は多くあり、ここに挙げたのは全国範囲の僅か一部である。昔の官職名や姓（カバネ）であるので、「読み方」は結構難しいが、身近にある「名字」であるし、歴史に関心を持つ人ならば、案外、簡単に読める「名字」である。

村主・勝（スグリ・スグル）	権守（ゴンノカミ）	右衛門佐（ウモサ）
小右衛門（コウエモン）	右近（ウコン）	左近（サコン）
内匠（タクミ）	帯刀（タテワキ）	釆女（ウネメ）
掃部（カモン）	監物（ケンモツ）	政所（マンドコロ）

左近允（サコンジュ）　刑部（オサカベ）　治部（ジブ）
兵部（ヒョウブ）　織部（オリベ）　大蔵（オオクラ）
宮内（ミヤウチ）　衛門（エモン）　修理（シュウリ）
刀禰（トネ）　別当（ベットウ）　郡司（グンジ）
中務（ナカツカサ）　兵衛（ヒョウエ）　禰宜（ネギ）
舎人（トネリ）　少弐（ショウニ）　留守（ルス）
図司・図師（ズシ）　目代（モクダイ）　按察（アジチ）
僧都（ソウズ）　座主（ザス）　馬医（バイ）
番匠（バンショウ）　守護（シュゴ）　法橋（ホウキョウ）
公文（クモン）　田所（タドコロ）　権（ゴン）
城代（ジョウダイ）　家老（カロウ）　庄司（ショウジ）
庄屋（ショウヤ）、など。

「静岡県内」にある昔の「官職名」の文字と同じ「名字」を挙げてみよう。（　）内の片カナは「官職名」と「名字」の「読み方」、平がなは「今の名字に多い読み方」。

右馬（ウマ・みぎうま）　右近（ウコン）　釆女（ウネメ）　大蔵（オオクラ）

帯刀（タテワキ・おびなた）　刑部（オサカベ）　押領使（オオリョウシ）
織部（オリベ）　掃部（カモン）　宮内（クナイ・みやうち）　公文（クモン）
郡司（グンジ）　監物（ケンモツ）　権頭（ゴンノカミ・ごんどう）
権守（ゴンノカミ）　左近（サコン）　左近司（サコンジ）
左近允（サコンノジョウ・さこんじ）　治部（ジブ）　島守（シマモリ）
庄司（ショウジ）　荘司（ショウジ）　城代（ジョウダイ）　城守（ジョウモリ）
定別当（ジョウベットウ）　進士（シンジ）　図師（ズシ）　村主（スグリ）
大学（ダイガク）　滝口（タキグチ）　瀧口（タキグチ）　内匠（タクミ）
田所（タドコロ）　頼母（タノモ）　中老（チュウロウ）　陶守（スエモリ）
出納（スイトウ・でのう）　刀禰（トネ）　舎人（トネリ）
堂守（ドウモリ）　中務（ナカツカサ）　塗師（ヌリシ）　番匠（バンショウ）
政所（マンドコロ・まさどころ）　宮内（クナイ・みやうち）
民部（ミンブ）　目代（モクダイ）　山守（ヤマモリ）

二、職業名の名字

「職業名」を「名字」としたのは、明治初期、太政官布告により「名字必称」を義務付けられ、「国民皆姓」の為に「創姓」した時、名付けた「名字」が大部分を占める。

その殆どは「職業名」の他、「家名」「店名」や「屋号」をそのまま「名字」としたり、商売の取扱商品の名称を「名字」としたりしたと言われている。

「名字必称令」発布の明治八年（一八七五）より約一三〇年を経た今日、当時「米穀商」であったから「米屋」という「名字」にしたのはよいが、子孫は、別種の商売の「魚屋」や「寿司屋」、「会社員」となったりしている例は極めて多いので、「職業名」が「名字」である場合、子孫はいささか困惑する。

大工（オオエ・オオク・タクミ・ダイク・ダイコ・ダイコウ・モクリョウ）

左官（サカン）	鳶（トビ）	肴屋（サカナヤ）	米屋（コメヤ）
塩屋（シオヤ）	旅屋（ヤドヤ）	糸屋（イトヤ）	茶屋（チャヤ）
油屋（アブラヤ）	餅屋（モチヤ）	布屋（ヌノヤ）	帯屋（オビヤ）
針金屋（ハリガナヤ）	鯉屋（コイヤ）	魚屋（ウオヤ）	酒屋（サカヤ）
下駄屋（ゲタヤ）	鍛冶屋（カジヤ）	鳥屋（トリヤ）	
寿司（スシ）	海苔（ノリ）	米（コメ・ヨネ）	塩（シオ）
味噌（ミソ）	味噌作（ミソサク）	醤油（ショウユ）	酢（ス）
油（アブラ）	砂糖（サトウ）	餅（モチ）	菓子（カシ）

鮨（スシ）　酒（サケ）　清酒（セイシュ）　煙草（タバコ）
針（ハリ）　針金（ハリガネ）　風呂（フロ）　茶（チャ）
商人（アキンド）　算所（サンショ）　出納（スイトウ）　豆腐（トウフ）
下駄（ゲタ）　四十物（アイモン）　蒲鉾（カマボコ）　鍛冶（カジ）
割烹（カッポウ）　矢作（ヤハギ）　曲師（マゲシ）　弓師（ユミシ）
石切（イシキリ）　表具（ヒョウグ）　愛染（アイゼン）、など。

静岡県内の「職業名の文字」の「名字」を挙げる。「屋号名」は含んでいない。

石切（イシキリ）　石工（イシク）　糸屋（イトヤ）　鋳物（イモノ）
鍛冶（カジ）　鍛冶屋（カジヤ）　金掘（カナホリ）　株屋（カブヤ）
紙屋（カミヤ）　蔵元（クラモト）　籠屋（コモヤ）　酒屋（サカヤ）
塩（シオ）　塩屋（シオヤ）　墨屋（スミヤ）　鳥屋（トリヤ）
風呂（フロ）　矢作（ヤハギ）　湯屋（ユヤ）　米屋（ヨネヤ）
漁士（リョウシ）　漁師（リョウシ）など。

12　宗教関係語の名字

数ある「名字」の中には「宗教に関係のある語」と同じ「文字」の「名字」が多くある。その中には「文字」は「宗教関係語」であっても、「読み」は宗教上使用されている言語とは異なった「読み方」もあるので、必ずしもその全部が神仏に関連する「宗教関係語」に因んで創姓された「名字」ばかりでは無いかも知れない。

しかし、神や神社、仏や寺院に由縁のある神官、僧侶であったり、神仏や寺社に対する崇敬心や信仰心から創姓されたという「名字」が大部分を占めている事は確かである。

仏教伝来から約一三〇〇年を経た明治八年（一八七五）に発せられた太政官布告による、「国民皆姓令」に対する反応が最も大きかったのは僧侶であると言われている。それまで江戸時代三〇〇年間、神官や医者は「名字」を称する事ができたが、平民（一般庶民）は「名字」を公称する事ができなかった。僧侶は「名字」を称していないが、それは「名字の公称」を許されなかったのではなく、「名字」を使わない、「名字」が無いという事が誇りであった。史実においても、弘法大師の出自は讃岐佐伯氏であるが「名字」を用いた事はないし、日蓮上人は貫名氏の出と言われるが「名字」を称した事はない。

初期の明治政府は、明治維新時に官軍に協力した神職達は優遇し、神社を復旧して権益を与えたが、寺院には多くの弾圧を加え廃寺もあった程であるから、「名字」を必称する事が義務付けられた「明治創姓」の時の僧侶は、素直に従った訳ではないという。その反発は、学があるだけに、創姓された「名字」に如実に表れていると言われている。

一、仏教語の名字

現在ある「名字」の中で、仏教に関連のある言語からなる「名字」が「明治創姓」で生まれたと言われているのは、明治政府が命令した明治初期の国民皆姓の時、反発した僧侶の多くが創姓した名字がその大部分を占めているからである。

石川県「苗字のふるさと」には、「僧侶の名字」が詳しく記述されていて興味深い。その中には一般の名字とは異なる特異の語句の「名字」が多い。次に「仏教語の名字」を列記するが、これらの「名字」が必ずしも仏教語に関連があるか否かが不明であるので、ここには選出して入れる事とした。

「文字」で選出したので、「読み方」は仏教関連語とは異なる「名字」もある。

釈・釋（シャク）　釋随（シャクズイ）　護摩堂（ゴマドウ）
護摩所（ゴマドコロ）　護摩都留（ゴマズル）　護魔都留（ゴマズル）
釈子（キクチ・シャクシ）　鐘撞（カネツキ）　釈迦郡（シャカゴオリ）
釈迦堂（シャカドウ）　釈迦院（シャイン）　地蔵（ジゾウ）

地蔵堂（ジゾウドウ）
寺（テラ）
安養寺（アンヨウジ）
観音寺（カンノンジ）
徳大寺（トクダイジ）
入来院（イリキイン）
達磨・達摩（ダルマ）
帝釈（タイシャク）
般若（ハンニャ）
金佛（カナブツ）
布袋（ホテイ）
地蔵（ジゾウ）
普照（フショウ）
盤若（ハンニャ）
鐘撞（カネツク）
僧都（ソウズ）

大佛（オサラギ）
菩提寺（ボダイジ）
薬師寺（ヤクシジ）
極楽寺（ゴクラクジ）
弥勒寺（ミロクジ）
観音（カンオン・カンノン）
太子（タイシ）
如来（ニョライ）
不動（フドウ）
庚申（コウシン）
弥勒（ミロク）
恵比須・戎（エビス）
文珠（モンジュ）
金剛（コンゴウ）
別当（ベットウ）
黄檗（キワダ）

大師堂（ダイシドウ）
善光寺（ゼンコウジ）
真教寺（シンギョウジ）
西園寺（サイオンジ）
安心院（アジム）
観音堂（カンノンドウ）
太子堂（タイシドウ）
仁王（ニオウ）
円佛（エンブツ）
大黒（ダイコク）
遍照（ヘンジョウ）
大黒（オオグロ・ダイコク）
薬師（ヤクシ）
大日（オオヒ）
祖師（ソシ）
月僧（ゲッソウ）

禅定（ゼンジョウ）
墓守（ハカモリ）
行者（ギョウジャ）
念仏（ネンブツ）
南無（ナム）
羽佳曇（クドン）
冥加（ミョウガ）
三界（ミカイ）
大乗（オオノリ）
遮那（シャナ）
天竺（テンジク）
法会（ホウエ）
補陀（ホダ）
修行（シュギョウ）
沙門（シャモン）
上品（ウエシナ）

法印（ホウイン）
尼（アマ）
帰依（キエ）
前佛（ゼンブツ）
法名（ノリナ）
常住（ジョウジュウ）
如意（ニョイ）
冥途（メイド）
極楽地（ゴクラクチ）
舎利仏（シャリホツ）
竺（ジク）
法身（ホッシン）
弘誓（グイ）
三宝（サンポウ）
沙弥（サミ）
三品（ミシナ）

法師（ホウシ）
行基（ユキモト・ユクモト）
合掌（ガッショウ）
千佛（センブツ）
布施（フセ）
延命（エンメイ）
黒住（クロスミ）
極楽（ゴクラク）
沙弥（サミ）
天神（テンジン）
青龍（セイリュウ）
悪霊（アクレイ）
伽藍（ガラン）
桑門（ソウモン）
結縁（ケチエン）
釈氏（トキウジ・キクチ）

釈子（シャクシ）　仏願（ブツガン）　方丈（ホウジョウ）
大徳（ダイトク）　高僧（タカソ・タカソウ）　一法（イッポウ）
佛前（ブツゼン）　燈明（トウミョウ）　花山（ハナヤマ）
三帰（ミキ）　三乗（サンジョウ）　真覚（シンガク）、など。

「静岡県内の寺院名と佛名の名字」

安居院　安心院　円城寺　嘉祥寺　加世堂　甘露寺　願成寺　祁荅院　護摩堂　熊野御堂　坐光寺　座光寺　三王堂　三枚堂　三福堂　慈光寺　生源寺　城御堂　浄法寺　神宮寺　秦泉寺　泉明寺　大聖寺　太陽寺　多聞院　知見寺　二階堂　日向寺　法伝寺　三田寺　明法寺　薬師寺　恵比須　戎　金剛　大黒　太子　仁王　不動　遍照　薬師　薬師神、など。

二、神教語の名字

氏神（ウジガミ）　講神（コウジン）　天国（アマクニ）
神（カミ・ジン・ミワ）　神頭（カミヅ）　神成（カミナリ・カントリ）
明神（ミョウジン）　年神（トシガミ）　神代（コウジロ）
神農（カミノ・シンノ）　矢神（ヤカミ）　竜神（リュウジン）

宇賀神（ウガジン）　薬師神（ヤクシジン）　神社（ジンジャ）
神宮（ジングウ）　神宮寺（ジングウジ）　日吉（ヒヨシ）
八幡（ヤハタ・ハチマン）　山王（サンノウ）　天満（テンマ）
一宮・一ノ宮（イチノミヤ）　村社（ムラコソ）　五社（コシャ）
若宮（ワカミヤ）　御嶽（ミタケ）　熊野御堂（ユヤミドウ）
伊弉（イザ）　御守（オモリ、オンモリ）　御器（ゴキ）
御座（ゴザ）　注連（シメ）　鳥居（トリイ）
境内（ケイダイ）、など。

「静岡県内の神社名と神名の名字」
天ノ宮　天宮　雨宮　一宮　一ノ宮　一の宮　梅宮　大宮　鴨宮　北宮　宮黒　古宮
小宮　籠　三宮　寺社　四ノ宮　四の宮　四之宮　四宮　芝宮　下宮　神宮
高宮　武宮　鎮守　鳥宮　中宮　永宮　成宮　西宮　春宮　廣宮　富士宮　藤宮　星宮
松宮　間宮　村社　本宮　元宮　森宮　山宮　若宮
安彦　伊神　石神　宇賀神　江神　大神　鹿島　香取　神王　講神　天神　天満　戸神
那智　初神　八幡　日吉　御嶽　明神　八神、など。

13　文字の多い名字（多文字姓）

（四字以上、前記の「月・日」の姓は除く）

「名字」を構成する「文字数」は、「一字」から「六字」位であるが、「二文字」が圧倒的に多く、「三文字」も「佐々木」「長谷川」「久保田」など、「一文字」と同様に相当数ある。「四文字」以上の「多文字姓」は「名字」の種類数の〇・一％位と言われていて、極端に少なくなり、「五文字」以上は、更に数が減少するので稀少な名字で、文字数の事だけでも「珍姓」の部類に入る貴重な「名字」となる。

次に新聞、テレビなどで目に入る「四文字の名字」を挙げる。著名人も入っている。

★四文字の名字（＊印は静岡県内にある名字だが意外に少ない）

「多文字の名字」の中で「四文字の名字」として書物によく書かれている名字を挙げる。

「四十物谷」（アイモノヤ）石川　　「阿武隈川」（アブクマガワ）
「阿留多伎」（アルタキ）　　「五百旗頭」（イオキド（べ））埼玉
「五十里家」（イカリヤ）三重　　＊「五十鈴川」（イスズガワ）
＊「五十公野」（イソキミノ）
「一番ケ瀬・一番合戦・一番曲瀬」（イチマカセ・イチマガセ）埼玉
＊「井手ノ上」（イデノウエ）　　＊「今久留主」（イマクルス）埼玉

「入南風野」（イリハニノ）沖縄
「宇治土公」（ウジトコ）
「烏帽子田」（エボシダ）
*「大多和良」（オオタワラ）
「王来王家」（オクオカ）石川
「小田満州」（オダマス）
*「十七夜月」（カノウ）兵庫
「上今別府」（カミイマベップ）埼玉
「上打田内」（カミウチタウチ）
*「久木野々」（クキノノ）
「喜美候部」（キミコベ）
*「熊野御堂」（クマノミドウ・ユヤミドウ）
「小右衛門」（コウエモン）埼玉
「小比類巻」（コヒルイマキ）埼玉
「狭々城山」（ササシロヤマ）
*「三分一所」（サンブイッショ）

「上野毛戸」（ウエノモト）
「宇田小路」（ウタコウジ）
「大炊御門」（オオイノミカド）
*「大豆生田」（オオマニュウダ）埼玉
「小田多井」（オダタイ）
「加賀野井」（カガノイ）
「十八夜月」（カノウ）
*「二尺八寸」（カマツカ）
「上加世田」（カミカセダ）
「雉子牟田」（キジムタ）
「久寿米木」（クスメギ）埼玉
「倶利加羅」（クリカラ）福井
「香曽我部」（コウソカベ）埼玉
「佐々木原」（ササキバラ）
「道祖瀬戸」（サヤンセト）
*「四十万谷」（シジマヤ）

「信濃小路」（シナノコウジ）
＊「七五三木」（シメキ）静岡、埼玉
「十二月田」（シワスダ）埼玉
「大文字屋」（ダイモンジヤ）
＊「谷ケ久保」（タニガクボ）
「千代反田」（チヨタンダ）埼玉
＊「勅使河原・勅使川原」（テシガワラ）埼玉
「出志久保」（デシクボ）埼玉
「天王寺谷」（テンノウジヤ）
「鳥居大路」（トリイオオジ）
「那波多目」（ナバタメ）
「西大立目」（ニシオオタチメ）東京
「二斗蒔田」（ニトマキタ）埼玉
＊「日ケ久保」（ヒガクボ）
「東御建田」（ヒガシミタテダ）
＊「武士垣外」（ブシガイト）

「下中地蔵」（シモナカジゾウ）
「七五三掛」（シメカケ）
「新谷垣内」（シンタニカキウチ）
「他太良馬・他太良米」（タタラメ）
＊「長曽我部」（チョウソカベ）埼玉
「鉄地川原」（テッチガワラ）
「東上別府」（トウジョウベップ）
「鳥居小路」（トリイコウジ）
「南波佐間」（ナバサマ）
「二十六西」（ニソロクニシ）埼玉
「禰宜田谷」（ネギタヤ）
「東仲与根」（ヒガシナカヨネ）埼玉
「日比野本」（ヒビノモト）
「別当屋敷」（ベットウヤシキ）

＊「八月一日」（ホズミ）
「波々伯部」（ホホカベ）
「見尾谷州」（ミオヤス）埼玉
「美土路美」（ミトロミ）
「武者小路」（ムシャコウジ）
「牟田上東」（ムタカミヒガシ）
「文珠四郎」（モンジュシロウ）福井
「山田小路」（ヤマダコウジ）
「遊井名田」（ユイナダ）埼玉
「八日市屋・八日市谷」（ヨウカイチヤ）埼玉
「四月朔日」（ワタヌキ）埼玉

「八月朔日」（ホズミ）埼玉
＊「松七五三」（マツシメ）山梨
「御菩提木」（ミゾロギ）
「御菩薩池」（ミボタイイケ・ミゾロゲ）埼玉
「牟田上西」（ムタカミニシ）
「無量小路」（ムリョウコウジ）埼玉
「山田大路」（ヤマダオウジ）
「熊野御堂」（ユヤミドウ）埼玉
「四十八願」（ヨイナラ）埼玉
「右衛門佐」（ヨモサ）埼玉、大阪

★五文字以上の名字は、電話帳で見ると静岡県内には見当たらない。参考までに全国的に見ると次に挙げたような名字などがあるが、その数は極めて少ない。

「勘解由小路」（カデノコウジ）山口
「左衛門三郎」（サエモンサブロウ）埼玉
「左右衛門三郎」（サエモンサブロウ・サエモンサムロ）

「八月一日宮」（ホズミヤ）　「八月十五日」（ナカアキ）
「十二月一日・十二月晦日」（シハスダ）　「十二月晦日」（ヒヅメ）、など。

14　フリガナの多い名字（多フリガナ姓）（六字以上）

「名字」の「フリガナ」は「名字の読み方」を表すが、「名字」の中で最も多い「フリガナ数」は「かな四文字」である。静岡県内には「かな五文字」の名字は意外に多いが、六字以上の名字の数は僅かであり、名字の漢字数は殆どが三文字か四文字である。

次に静岡県内の「かな六文字の名字」一一九姓を列記する。その後に続けて「かな七文字」の名字を挙げるが九姓程度で、「かな八文字」以上は一姓しか見付からない。

★六字フリガナ名字

有廣溶（アリヒロトケ）　池庄司（イケショウジ）　石切山（イシキリヤマ）
石郷岡（イシゴウオカ）　石動丸（イシドウマル）　伊集院（イジュウイン）
一ノ渡（イチノワタリ）　稲童丸（イヌドウマル）　今給藜（イマキャウリ）
後夷（ウシロエビス）　漆真下（ウルシマシタ）　円城寺（エンジョウジ）
大縄橋（オオナワバシ）　大豆生田（オオマメウダ）　押領使（オオリョウシ）
押領司（オオリョウジ）　貝通丸（カイツウマル）　柿木原（カキノキハラ）

蟹沢川（カニサワカワ）
上参郷（カミサンゴウ）
上吉川（カミヨシカワ）
河原崎（カワハラザキ）
願成寺（ガンジョウジ）
行部沢（ギョウブザワ）
小松平（コマツダイラ）
三階松（サンガイマツ）
三本松（サンボンマツ）
下大澤（シモオオサワ）
十一家（ジュウイッカ）
十文字（ジュウモンジ）
生源寺（ショウゲンジ）
小豆川（ショウズガワ）
城之園（ジョウノソノ）
荘林（ショウバヤシ）

叶栄（カノウサカエ）
上大門（カミダイモン）
上吉原（カミヨシハラ）
瓦林（カワラバヤシ）
神服部（カンカトリベ）
行部澤（ギョウブザワ）
桜林（サクラバヤシ）
三中西（サンナカニシ）
三枚堂（サンマイドウ）
下栃棚（シモトチタナ）
重城（ジュウジョウ）
十良沢（ジュウラザワ）
定直（ジョウチョク）
小豆嶋（ショウズシマ）
正林（ショウバヤシ）
城御堂（ジョウミドウ）

上大澤（カミオオサワ）
上高原（カミタカハラ）
川原崎（カワハラザキ）
河原林（カワラバヤシ）
神別縄（カンベツナワ）
熊野御堂（クマノミドウ）
櫻林（サクラバヤシ）
三王堂（サンオウドウ）
清水上（シスイジョウ）
重城（ジュウジョウ）
従長（ジュウチョウ）
上久（ショウキュウ）
小地原（ショウジハラ）
城之内（ジョウノウチ）
庄林（ショウバヤシ）
浄法寺（ジョウホウジ）

新牛込（シンウシゴメ）
大聖寺（ダイショウジ）
中条（チュウジョウ）
長曽我部（チョウソカベ）
天王沢（テンノウザワ）
道明内（ドウミョウチ）
中小路（ナカショウジ）
中渡瀬（ナカワタラセ）
二本柳（ニホンヤナギ）
東構（ヒガシカマエ）
一柳（ヒトツヤナギ）
二又川（フタマタガワ）
堀切川（ホリキリカワ）
三園生（ミソノショウ）
宮ケ丁（ミヤガチョウ）
明法寺（ミョウホウジ）

千本松（センボンマツ）
谷垣内（タニガキウチ）
中條（チュウジョウ）
丁名塚（チョウナツカ）
天王澤（テンノウザワ）
泊ケ山（トマリガヤマ）
中名生（ナカノミョウ）
西上床（ニシウエトコ）
林ノ内（ハヤシノウチ）
東小園（ヒガシコソノ）
一ツ渡（ヒトツワタリ）
平安山（ヘイアンヤマ）
本庄谷（ホンショウヤ）
御園生（ミソノショウ）
明星（ミョウジョウ）
向中野（ムカイナカノ）

泉明寺（センミョウジ）
俵積田（タワラツミダ）
長久（チョウキュウ）
槻木沢（ツキノキザワ）
東海林（トウカイリン）
中川西（ナカカワニシ）
中野渡（ナカノワタル）
錦郡（ニシキゴオリ）
東恩内（ヒガシオンナ）
東小薗（ヒガシコソノ）
平垣内（ヒラガキウチ）
宝珠山（ホウジュサン）
前市岡（マエイチオカ）
南林（ミナミハヤシ）
明城（ミョウジョウ）
文珠川（モンジュガワ）

柳平　（ヤナギタイラ）　柳林　（ヤナギハヤシ）　山中島（ヤマナカジマ）
若紫　（ワカムラサキ）　和南城（ワナンジョウ）

★七字フリガナ名字
煙硝岩（エンショウイワ）　大兼久（オオカネキュウ）　三百苅（サンビャクガリ）
三分一所（サンブイッショ）　下河床（シモカワショウ）　東中園（ヒガシナカゾノ）
東長浜（ヒガシナガハマ）　東吉原（ヒガシヨシワラ）　宗像将（ムネカタショウ）

★八字フリガナ名字　乗正坊（ジョウショウボウ）

15　同読異字と同字異読の名字

★同読・異字の名字

名字は、表す「文字」が相違しても「読み方（呼称・音訓）」は同じという同読異字の名字は誰でも咄嗟に二～三種は思い浮かぶ程多くある。本来、漢字と呼ばれる文字には同じ読み方の文字が多いので当然と言える。

通説では「先ず始めに言葉ありき」と言われるように、文字よりも先に言葉があり、言葉に当て嵌められた文字も多いというから無理もない。

大部分の名字の発祥源となった「名田の地名」も、呼称は変わらず同じでも、永い歴史の過程で時代に応じて表す文字が変遷していることが多いし、同時代に同一人が同じ地名に相違する文字を当てている古文書も見受けられるのは、文字よりも言葉（呼称・音訓）が重要であったことを端的に示している。

家系調査する時などは、「同読異字姓」をも調べる事が大切になる。これは「同読異字姓」には嫡流、庶流や本家、分家の伝承が多く残されているからであり、姓氏調査上では同族と見做して調べることも一般に行われているからである。

静岡県内の「同読異字姓」で特色のあるのは「カツマタ姓」で、勝又、勝間田、勝亦、勝俣はいずれも静岡県名字ランキング一〇〇位内に入っていて、この他に勝田、勝股、葛俣などもあるが、それら「名字」は全て同族と見做されている。

静岡県内でも、「読み方」は同じであるが「文字」が違うという名字は極めて多くあるので、その中から異なる「文字」が七種以上ある名字を選出して例示する。

文字の読み方の「清音」「濁音」「半濁音」は同一視し、すべて「清音」に包含する。

あいさわ―相沢・相澤・合沢・合澤・会沢・愛沢・愛澤・藍沢・藍澤
あいだ　―会田・會田・貝田・改田・皆田・介田・海田・開田・甲斐田
あいば　―相羽・合葉・相波・相場・相葉・会場・藍場・饗庭・饗場
あだち　―安立・安達・阿立・阿達・足立・足達・明立

いさわ　―伊沢・伊澤・井沢・井澤・居沢・居澤・猪沢・猪澤・石和
いちのせ―一瀬・一ノ瀬・一の瀬・一之瀬・一乃瀬・一野瀬・市之瀬・一野瀬
うすい　―旧井・有井・臼井・碓井・碓水・薄井・磨井・笛吹
おばた　―小畑・小畠・小端・小幡・尾畑・尾畠・尾幡・御幡
かのう　―加納・家納・狩野・稼農・嘉納・叶　・十七夜月
かわい　―川井・川合・川会・河井・河居・河合・河相
かわずみ―川住・川澄・川隅・川角・河住・河澄・河済・河角
かわはた―川畑・川畠・川端・川幡・川旗・河畑・河端・河鰭
きしま　―木島・木嶋・来島・貴島・喜島・鬼島・杵島・岸間
きた　　―北・木田・来田・貴田・気田・喜田・喜多
きとう　―木藤・来藤・奇藤・吉藤・鬼藤・鬼頭・貴答
こうだ　―甲田・弘田・向田・向達・幸田・好田・香田・孝田・鴻田・江田・行田・
　　　　　合田・神田・郷田・国府田
こうの　―公野・幸野・甲野・甲能・向野・河野・香野・紅野・高野・郷野・鴻野
こが　　―五加・五家・小河・小賀・古我・古閑・古賀
こじま　―五島・五嶋・五道・小島・小嶋・小嶌・古島・古嶋・児島・後堂・梧桐

厚東
こはた —小畑・小畠・小端・小播・小幡・木幡・古畑・古旗
こんどう—近東・近道・近藤・今藤・金藤・権藤・権頭
さいき —才木・斉木・斎木・齋木・済木・佐伯・妻木・材木・祭城
さいだ —才田・斉田・斎田・齋田・済田・幸田・財田
さいとう—西東・西塔・西藤・斉藤・斎藤・齊藤・齋藤
さかい —左海・坂井・阪井・酒井・酒居・境井・堺・界・境・寒河江・嵯峨井
さこ —左古・佐古・佐子・佐故・座古・酒向・迫
さこう —左光・佐光・佐郷・佐合・酒向・酒匂・酒勾
しば —芝・柴・司馬・志羽・志波・斯波・柴葉
しょうじ—小路・正司・正路・正治・生子・生治・庄子・庄司・荘司・上路・勝治・
障子・東海林
しん —辛・真・眞・新・申・進・神・秦
しんかい—真貝・眞貝・新貝・新改・新海・新開・新谷・新飼・慎改
しんどう—進藤・信藤・新藤・伸藤・神藤・新堂・真道
そうだ —宗田・早田・曽田・荘田・惣田・相田・想田・雙田・左右田

たなべ—田辺・田邊・田邉・田鍋・田部・棚辺・田名辺・田名部・田那部
つづき—都筑・都築・都竹・筒木・続木・続　・津々木
とうま—当間・当麻・当摩・当真・當間・當摩・東馬・東間・藤間
とやま—戸山・土山・外山・富山・冨山・登山・豊山
はた—羽田・羽太・羽寻・波田・波多・葉田・畑　・畠　・幡　・秦　・旗　・簱
はたの—畑野・畠野・秦野・幡野・羽田野・波田野・波多野
はやま—早馬・早間・早山・羽山・波山・葉山・端山
ふかわ—布川・扶川・府川・富川・冨川・武川・深和
まじま—真島・真嶋・真嶌・眞島・眞嶋・間島・間嶋・馬島・馬嶋
ますや—升谷・舛谷・枡谷・舛屋・枡屋・桝谷・増谷
みき—三木・三喜・三鬼・三樹・三城・見機・美木・御木・造酒
みさわ—三沢・三澤・見沢・実沢・美沢・美澤・三佐和
みなみ—三並・三辺・三邊・三浪・見並・見波・皆見・美波・南陽
よしかわ—由川・吉川・吉河・好川・芳川・良川・葭川、など。

「同読異字の名字」の中で見逃せないのは異字の文字に俗字や誤字が多くあることである。

明治初期、戸籍が編成された時に登録した「名字」の文字に、現在は俗字、略字、誤字になっているが当時は慣用文字であった文字を使用した「名字」が極めて多いということである。戸籍簿に登載されている俗字、誤字について、法務省は新戸籍編成などの機会に職権で正字に訂正するよう平成二年に各自治体に通達し、平成六年、民事行政審議会は戸籍事務の効率化を進めるためにコンピューター化する時、職権で俗字、略字、誤字を正字に訂正させることを法務大臣に提案した。しかし、国会提出できず、俗字であっても辞典に載っている慣用文字はそのままコンピューターに入力し、「名字」の文字としての使用を認めることになった。静岡県内で使用されている名字の中にも多くあるので次に例示する。

円（圓）、館（舘）、喜（㐂）、吉（𠮷）、座（坐）、世（丗）、曽（曾）、多（夛）、土（𡈽）、富（冨）、野（埜）、原（厡）、松（枀）、柳（桺）、橋（槗）など。
「偏」が「冠」になったり、「旁」の中に入っている文字も意外に多い。

峨（峩）、崎（嵜）、島（嶋・嶌）、峰（峯）など。

これら文字には、吉祥文字にするためか「点の有無」や「画数の変化」した文字もある。
「同読異字の名字」は静岡県内にも枚挙にいとまがない程数多くあるが、姓氏の歴史研究や家系調査の上では留意しなければならない範囲に入る事項である。

★同字・異読の名字

中国大陸から伝来した漢字と総称される文字は、同一文字であっても日本に伝来した時期により、音読は漢音、呉音、唐音、宋音などに分かれている。一方、日本には古来からの和訓の和字があり、更に渡来した漢字に和訓を作り、漢字の渡来に伴って造成された多くの和字に和訓を定めている。

現代は文字が当用漢字、常用漢字、教育漢字、人名漢字などに区分され、それら文字の音訓も規定されている。しかし、日常生活に使用されている文字の音訓には、依然として日本独自の和訓や漢音、唐音、宋音などの渡来音から慣用音までいろいろある。

漢字の全てに「音訓」があるので、静岡県内の「名字」に使用されている文字の中で、「読み方」が三種以上ある文字を列記する。呼称や転訛による変化もある。清音、濁音、半濁音の差違は省略する。

安（ア・アン・ヤス）
明（アケ・アキ・ミョウ・ミン・メイ）
新（アラ・シン・ニイ・ニッ）
家（イエ・カ・ヤ・ケ）
一（イチ・ヒト・ヒトツ・カズ）
上（ウエ・カミ・コウ・ショウ）

海（ウミ・ウン・カイ・ミ）
円、圓（エン・マル・マドカ・ツブラ）
風（カゼ・カザ・フウ）
金（カネ・カナ・キン）
河（カ・カワ・コウ）
越（コシ・コス・エツ）
下（シタ・シモ・カ・ゲ・サガリ）
白（シロ・シラ・ハク）
菅（スガ・スゲ・カン）
平（タイラ・ヒラ・ヘイ）
谷（タニ・ヤ・コク）
近（チカ・キン・コン）
土（ツチ・ド・ヒジ）
出（デ・イデ・イズ）
長（ナガ・オサ・チョウ）
成（ナリ・ナル・シゲ・セイ）

枝（エ・エダ・サイ）
小（オ・コ・ショウ）
角（カド・スミ・ツノ）
神（カミ・カナ・カン・ジン）
米（コメ・マイ・ヨネ・ヨナ）
幸（サチ・コウ・ユキ）
七（シチ・タナ・ナ・ナナ）
城（シロ・キ・ジョウ）
外（ソト・トノ・ソデ・ホカ）
立（タツ・タチ・タテ・リュウ）
反（タン・ソリ・ハン）
月（ツキ・ゲツ・ガツ）
常（ツネ・ジョウ・トキ・トコ）
豊（トヨ・ホウ・ユタカ）
流（ナガレ・リュウ・サス・ル）
八（ハチ・ハツ・ヤ・ヤツ）

羽（ハネ・ハ・ウ）　日（ヒ・ニチ・カ）
東（ヒガシ・アズマ・アヅマ・トウ）　百（ヒャク・ユ・ムカ・モ・モモ）
二（フ・フタツ・フタ・ニ）　船（フネ・フナ・セン）
保（ホ・ホウ・ヤス）　正（マサ・セイ・ショウ）
万、萬（マン・バン・ヨロズ・ユル・スル）　三（ミ・ミツ・サン）
水（ミズ・ミナ・スイ）　南（ミナミ・ナ・ナン）
六（ム・ムツ・ロク）　向（ムク・ムコウ・ムキ・コウ・サキ）
元（モト・ゲン・ガン）　守（モリ・シュ・カミ）
柳（ヤナギ・ヤナ・ヤギ・ナギ・リュウ）　良（ヨシ・リョウ・ラ）

これらの「音訓」は、日常生活の上ではそれ程不便を感じる事なく読んだり、呼称したりしているのが現実である。

戸籍簿は「文字の登録」であって文字の音読（読み方）は登録されていない。名字の読み方は名前の読み方と同じように勝手であるが、親族は同一の読み方をしている。言うならば、親から伝わった音訓読みをそのまま継承しているに過ぎない。

「同字異読の名字」の読み方は、同じ文字でありながら、殆どが何時の頃から読みが分かれたのか明らかでないが、前記の「同読異字」の名字と同様に、嫡流と分流、庶流、本家と分家、主家と家来、傭人という関係から「読み方」を変えたという伝承も多く残されている。名字の「読み方」を遡及すると、「同字異読の名字」は、一般的には先祖が同じで、同じ読みの名字は系統が分かれた年代が近く、異なる読みの名字は系統が分かれた年代が遠いということになるが、「地名の読み方」が地方により違うのと同様に、呼称優先からみると、読み方の違う「同字異読の名字」は系統的には異流の名字が多いともいう。

静岡県内の名字ランキングを見ると、上位一〇〇位内には「同字異読姓」は無いが、同字姓で読み方が二種以上ある名字は限りなくある。六〇〇位までの中から複数の読み方のある名字を挙げてみる。清音と濁音の違いの読みは多いが除いた。

秋鹿（アイカ、アキシカ）　安間（アンマ、ヤスマ）
池谷（イケガヤ、イケタニ、イケノヤ、イケヤ）
上松（ウエマツ、アゲマツ、ショウマツ）
内海（ウツミ、ウチウミ）　小倉（オグラ、コクラ）
刑部（オサカベ、ギョウブ）　長田（オサダ、ナガタ）
海部（カイフ、カイブ、カイベ）　角田（カクタ、ツノダ）

勝呂（カツロ、スグロ）　金刺（カナザシ、カネサシ）
上柳（カミヤナギ、ウエヤナギ）　金原（キンバラ、キンパラ）
紅林（クレバヤシ、ベニバヤシ）　河本（コウモト、カワモト）
河野（コウノ、カワノ）　成岡（ナリオカ、ナルオカ）
向坂（サギサカ、コウサカ）　伴野（トモノ、バンノ）
中谷（ナカヤ、ナカタニ）　水口（ミズクチ、ミナクチ）
見城（ミシロ、ケンジョウ）　宮城（ミヤギ、ミヤシロ）
吉川（ヨシカワ、キツカワ）　渡部（ワタベ、ワタナベ）、などがある。

日本列島の「名字」の読みの音訓は、地方色が濃く、東は濁音、西は清音と言われるが、その中間位置にある静岡県内の名字の読み方は東の関東形の濁音読みが多い。静岡県内の「名字」の中で濁音と清音が多く使われている「名字」を見てみよう。

「川」カワとガワ　「上」カミとガミ　「木」キとギ　「口」クチとグチ
「熊」クマとグマ　「倉」クラとグラ　「西」サイとザイ　「崎」サキとザキ
「里」サトとザト　「沢」サワとザワ　「島」シマとジマ　「田」タとダ
「地」チとヂ　「津」ツとヅ　「塚」ツカとヅカ　「月」ツキとヅキ